Trouver son nom de sorcière

STORM FAERYWOLF

Trouver son nom de sorcière

DÉCOUVRIR SON IDENTITÉ MAGIQUE

TRADUIT PAR HERVÉ SOLARCZYK

ÉDITIONS DANAÉ

Première publication aux États-Unis
par Llewellyn Publications, Woodbury (MN) 55125 USA.
www.llewellyn.com

Traduction : Hervé Solarczyk
Édition : Sandrine Pennard
Couverture : Loanna Triffaut
Conception et réalisation graphique : Marine Paris
Correction et relecture : Anne Desmier

ISBN : 978-2-38062-070-2
Dépôt légal : octobre 2023

Éditions Danaé
Une marque du groupe éditorial Piktos.
355, rue de la Montagne-Noire
31750 Escalquens
contact@piktos.fr
editions-danae.com

@Alliance.Magique
@AllianceMagique
@editionsdanae

Je dédie ce livre à toutes celles et à tous ceux qui souhaitent adopter un nom autre que celui qu'on leur a donné à la naissance. Chacun d'entre nous a ses raisons de le faire, mais elles se résument toutes à une seule : exprimer notre vérité intérieure, affirmer notre identité véritable, selon nos propres termes.

Sommaire

Exercices, rites et rituels

REMERCIEMENTS

Il y a tant de gens et d'esprits que je veux remercier pour leur aide dans l'écriture de ce livre.

En premier lieu, mes partenaires, Chas Bogan et Devin Hunter : merci d'avoir eu la patience de supporter mes divagations sur les diverses conventions de noms en sorcellerie et au-dehors. Merci de m'avoir remplacé dans la gestion du quotidien, pour me permettre de m'isoler dans ma grotte et d'y écrire. Si ce livre existe, c'est parce que vous vous êtes occupés de la vaisselle, du jardin et des factures, tandis que je me plongeais obsessivement dans les livres, les mythes et les lieux communs des films. Vous ne pouvez pas savoir à quel point je vous apprécie.

Ensuite, mes amis, qui ont partagé avec moi leurs points de vue sur les noms magiques : Anaar, Mat Auryn, Durgadas Allon Duriel, Phoenix LeFae, Gwion Raven, Soulfire et Laura Tempest Zakroff. Toutes et tous, vous faites partie de ma famille spirituelle, et je vous aime et vous admire pour tout ce que vous faites. Merci pour votre soutien indéfectible, et pour tout ce que vous faites pour améliorer l'Art.

Enfin, je veux remercier les nombreux esprits avec qui j'ai travaillé au fil des années, et qui ont contribué à mon travail magique dans la sphère publique. Il n'est pas toujours facile d'être connu publiquement comme sorcier, mais, grâce à mes contacts spirituels, j'accomplis la tâche qui m'a été confiée.

Je veux aussi remercier mes amis, initiés et étudiants, ainsi que celles et ceux qui ont suivi mes cours ou mes ateliers au fil des années. Tous, vous avez contribué à votre manière non seulement à ce livre, mais aussi à la construction de ma vision du monde et de ma perspective sur l'Art.

Et pour finir, merci, chère lectrice, cher lecteur, d'avoir acheté ce livre. Merci de soutenir mes entreprises créatives et occultes. J'ai toujours rêvé de pouvoir vivre de ce que je fais, et grâce à vous je le peux. Je vous suis éternellement reconnaissant.

Introduction : Le voyage vers mon nom

« Se donner un nom :
le premier acte du poète et du révolutionnaire. »

Erica Jong,

How to Save Your Own Life
(La Planche de salut)

Les noms par lesquels nous nous désignons ont des niveaux successifs de puissance et de significations. Le nom sorcier n'est que la forme extérieure d'un pouvoir intérieur indescriptible ; la présence de la divinité intérieure qui nous guide dans notre voyage évolutionnaire. Par la méditation, les rituels, la tenue d'un journal, et par la magie, nous allons explorer nos forces et nos faiblesses, et travailler à créer notre propre personnalité magique, cette partie de nos profondeurs d'où émane notre pouvoir magique, d'où il s'épanouit. Et nous allons travailler à donner un nom à cette *persona* ; en fait, nous allons jeter un sort sur nous-mêmes pour manifester dans notre vie la présence de ce nom et de cette *persona*.

Chaque culture a ses propres façons d'attribuer un nom à un individu. Parfois, le nom est transmis dans la même famille de génération en génération, portant avec lui un espoir d'accomplissement ancestral. Certains noms sont liés à la pratique religieuse, identifiés à des saints, des martyrs, des personnages historiques et des esprits qui ont une profonde signification personnelle pour l'individu ou le groupe religieux. On peut aussi choisir un nom simplement parce qu'il sonne bien, ou parce qu'il est inspiré par un personnage important ou célèbre. Quelle que soit son origine, notre nom nous donne un point focal quand il s'agit de définir et de communiquer notre identité, et nous permet d'établir de meilleures relations avec les autres, à qui il fournit une fenêtre par laquelle ils peuvent avoir un aperçu de notre vie.

Chaque nom possède différents niveaux de profondeur et de signification ; mais il arrive qu'il soit avantageux d'en adopter un autre, comme outil spirituel et psychologique. C'est une pratique vénérable dans de nombreuses religions et spiritualités, qui constitue un acte transformateur. Prendre un nouveau nom agit sur la psyché de multiples façons ; c'est quelque chose qui va enjôler, bousculer, travailler et façonner la conscience de la personne qui le fait. C'est une initiation au sens le plus vrai du terme, et elle peut avoir des répercussions considérables.

« Un nom est une maison, mais ce n'est pas toujours un foyer ou un lieu où l'on se sent libre d'être soi-même[1]. »

Je ne me suis jamais senti en phase avec mon nom de naissance. Enfant, je jouais souvent avec l'idée d'en changer, comme beaucoup d'enfants, j'en suis sûr. Rétrospectivement, je me rends compte qu'à la source de ce désir il y avait un peu plus que de la simple vanité, ou qu'un caprice enfantin. On m'a donné le prénom de mon père, et à cause de cela je n'ai jamais eu le sentiment que mon nom m'appartenait vraiment. En outre, j'étais presque exclusivement désigné par un surnom diminutif, ce qui rendait ma relation avec mon prénom quelque peu fluide et changeante. Suivant la version utilisée, mon nom pouvait avoir sept lettres, ou cinq, ou quatre ! En dehors de cette instabilité, si je me suis lancé dans la quête de mon nom magique, c'est avant tout afin de m'approprier pleinement mon identité.

Ce qui a fini par devenir mon nom magique « ordinaire » est venu à moi dans une série de rêves qui se sont étalés sur toute ma jeunesse, reliés les uns aux autres par des épiphanies et une gnose personnelle. Tout a commencé quand j'avais trois ou quatre ans environ. Inspiré peut-être par l'histoire d'Aladdin, ou par les Mille et une Nuits (deux de mes contes préférés, que ma mère me lisait le soir), j'ai eu une série de rêves récurrents dans lesquels je possédais un anneau magique. L'un des thèmes que ces rêves avaient en commun c'était mon effort constant pour comprendre, maîtriser et diriger son pouvoir. Je ne savais jamais comment la magie allait se manifester (si elle le faisait), mais je sentais qu'avec chaque rêve j'en apprenais un peu plus sur la nature unique de la magie qui était en ma possession. Au réveil, j'oubliais tout de ces rêves, et je ne m'en souvenais qu'en ayant le suivant ! Et une fois encore, à mon réveil

1. Castelloe (Molly S.), PhD, « What's in a Name ? How one's name shapes dentity and the course of a life », *Psychology Today*, 7 avril 2017, https://www.psychologytoday. com/us/blog/the-me-in-we/201704/what-s-in-name

suivant, le rêve m'échappait complètement. Les choses ont continué ainsi de façon sporadique tout au long de ma jeunesse.

Avançons un peu. Quand j'ai eu dix-sept ans, mon monde a été bouleversé. J'ai fait mon *coming out*, et j'ai quitté la maison de mon enfance : pendant deux ans, j'ai été coupé de ma famille, et je n'ai pas eu grand-chose en matière de stabilité, émotionnelle, financière ou autre. À dix-neuf ans, je me suis retrouvé littéralement SDF, mais heureusement j'étais en compagnie d'un ami qui, plus tard, est devenu un compagnon de *coven*. Nous dormions, quand c'était possible, sur le canapé d'autres amis, mais bien souvent le soir nous n'avions nulle part où aller et nous avons dû dormir dehors ou essayer de veiller toute la nuit pour échapper au froid (et aux éventuels individus dangereux). Nous dormions dans des champs, sous des Abribus, ou encore derrière les supérettes. C'était stressant. Après avoir vécu comme ça pendant un mois environ, j'ai commencé à vraiment en souffrir. J'étais désespéré. Je me sentais perdu. Je tombais dans un trou, et il y avait toute une partie de moi-même qui semblait s'en moquer éperdument. C'est à cette époque-là que j'ai commencé à avoir des visions d'un être féerique que j'ai fini par nommer « Mère Louve ».

Ce soir-là, mon ami et moi n'avions nulle part où passer la nuit. Il était très tard, et nous étions dans un jardin public. Nous avions l'intention de nous asseoir dans un coin sombre et de consommer ce qui devait être notre repas : une grosse boîte de conserve de *tamales* et un peu de pain. Nous avons trouvé un banc où nous risquions peu d'être dérangés et nous nous sommes mis à déballer nos maigres provisions quand nous nous sommes rendu compte que nous avions égaré notre ouvre-boîte. En désespoir de cause, nous avons bêtement décidé d'essayer d'ouvrir la boîte de conserve de force avec un caillou pointu. Mais sans succès : nous ne sommes parvenus qu'à faire quelques petits trous par lesquels la sauce rouge épicée a commencé à couler.

Après plusieurs minutes d'efforts inutiles, nous avons abandonné dans une poubelle la boîte de conserve trouée et dégoulinante et, à la lumière de la lune, le sol de béton éclaboussé de rouge ressemblait à une scène de crime. Nous étions abattus. Je me suis assis sur le banc et j'ai levé les yeux vers le ciel, m'adressant sans paroles à la lune, espérant en partie recevoir un genre de conseil divin ; en fait, j'étais surtout complètement résigné.

J'ai soudain eu l'impression que ma conscience était divisée en deux : d'un côté, j'étais assis sur un banc et regardais la lune, à m'apitoyer sur mon sort, et de l'autre, j'étais assis en présence de ce que je percevais comme un puissant esprit sous la forme d'une louve. Elle était belle, le poil gris-blanc, et d'elle semblait émaner une lueur argentée comme celle de la lune, ainsi qu'un sentiment de sécurité et de sérénité. J'ai eu l'impression que, sans prononcer un mot, elle me transmettait un message, me disant que je n'étais pas seul, et que je serais protégé. À cet instant, j'ai su qu'il s'agissait d'un esprit-guide, et qu'elle était liée à ma sorcellerie – je le savais, tout simplement. J'ai senti que c'était une grande pédagogue, qu'elle me disait de tenir bon et que mes objectifs finiraient par se réaliser. La vision a fini par s'estomper, mais je me suis soudain senti optimiste ; j'ai discuté de cette expérience avec mon ami. Nous avons trompé notre faim avec nos tranches de pain, et nous avons fini par nous retrouver devant un snack-bar ouvert toute la nuit ; en faisant le fond de nos poches, nous avons récupéré juste assez de monnaie pour nous offrir une tasse de café chacun, que nous avons siroté en attendant l'aurore. Toute la nuit, à chaque fois que nous avions un coup de déprime ou que nous nous sentions perdus, je percevais la présence de Mère Louve qui m'incitait à regarder au-delà de la situation temporaire et à voir l'avenir que je voulais construire.

Mon ami et moi allions finir par trouver la stabilité, un emploi et un logement qui nous permettrait de pratiquer notre sorcellerie plus souvent et avec plus de force. Je lisais tout ce que je pouvais trouver sur l'Art, et je connaissais bien la pratique d'adopter un nom magique pour se consacrer à une voie. Comme je me sentais intérieurement la vocation de me déclarer publiquement comme sorcier, j'ai commencé à chercher quel pourrait être mon nom de pouvoir. Mon expérience avec la louve m'est immédiatement venue à l'esprit, mais au début je l'ai rejetée à cause d'une forme de vanité, comme je le comprends maintenant : beaucoup de gens, dans les communautés sorcière et païenne, ont adopté (ou ont été adoptés par) l'esprit du Loup, et je voulais être unique. J'ai décidé que la seule vision de la Mère Louve ne pouvait pas suffire. Si la Louve voulait que je sois à elle, elle devrait en faire plus. Je n'allais pas simplement m'accrocher à ses basques – euh, à sa queue.

À cette époque-là, je me sentais tout particulièrement inspiré par les écrits de Starhawk, sorcière, activiste politique, et prêtresse fondatrice de la tradition « Reclaiming ». Ses livres, *The Spiral Dance* et *Dreaming the Dark*, ont eu une énorme influence sur moi, et au départ c'est à cause d'eux que j'ai cherché une formation et une initiation dans la tradition Faery (Feri). Elle a écrit un passage sur la découverte de son nom sorcier, où elle parle de la vision personnelle d'un faucon, associée à la carte de l'Étoile dans le tarot, qui signifie espoir. Très simple, et très riche d'inspiration. Ça me plaisait beaucoup de voir à quel point son nom était différent de ce qu'on trouve en général dans le monde « ordinaire ».

J'ai médité. J'ai fait brûler de l'encens. J'ai tenu un journal. J'ai travaillé avec des dieux et des déesses, avec des anges, des fées et les esprits des morts. J'ai psalmodié, chanté, dansé et invoqué. Au début de la quête de mon nom sorcier, j'ai fait bien des choses, sauf suivre mon instinct. Je me disais : « Apparemment, à peu près tout le monde dans la communauté païenne est soit un Loup, un Corbeau ou un Ours. Mais tu as remarqué qu'il y a très peu de Ouistitis ? »

C'est alors que j'ai eu le premier de deux rêves puissants qui m'ont montré la voie.

Une forêt de nuit. Les ténèbres sont illuminées par une pleine lune brillante, sa lueur bleu argenté filtrant au travers des arbres sur le flanc de la colline. Je cours… je monte la pente à toute vitesse. Comme c'est bon d'être en vie ! Je cours… je cours. Quelle merveille de pouvoir courir si loin, et bondir ! C'était excitant, exaltant… mais aussi… étrange… bizarre. Mes sens eux-mêmes me semblaient étrangers. J'ai baissé les yeux et j'ai vu mes pattes : je montais la colline boisée en courant à quatre pattes, et arrivé au sommet, d'où je pouvais voir la vallée en contrebas, sous une lune énorme qui emplissait le ciel, j'ai hurlé… et un chœur de loups s'est joint à moi. Je me suis réveillé avec le sentiment d'avoir été touché par quelque chose de spécial qui m'avait changé.

Dans le second des rêves qui m'ont donné mon nom, je me suis rappelé un épisode de mon enfance. Debout dans une grande pièce, je regardais au travers de larges portes vitrées une vaste plaine sous un ciel gris orangé uniforme, qui m'a donné envie de sortir. Le monde était plat, très différent des collines du nord de ma Californie natale, et j'ai senti une sinistre envie, une légère inquiétude, comme une appréhension. Mes craintes se sont matérialisées sous la forme d'une tornade menaçante, encore lointaine, mais en approche. Mon choc initial a vite cédé la place à la peur quand je me suis rendu compte que je n'aurais pas le temps d'essayer de m'enfuir : la tornade était déjà trop proche, les vents violents qui l'annonçaient déchiquetant le sol autour d'elle. Bientôt elle serait sur moi ; que faire ? J'ai senti un anneau à ma main gauche, l'anneau de mes rêves d'enfant, il y a si longtemps. Et là je me suis souvenu. La magie dont j'avais eu un aperçu dans mon enfance était présente ici, elle l'avait toujours été, elle n'était que cachée. Endormie. Je me suis avancé dans le champ et j'ai caressé une grande pierre lisse. Je pouvais sentir… quelque chose ; quelque chose qui s'éveillait dans l'anneau, dans les profondeurs de mon être. Mais rien ne se produisait vraiment. La tempête continuait d'approcher, ignorant ma peur qui se transformait en panique. J'ai tripoté l'anneau. J'ai crié, hurlé, prié. Le cyclone a continué de se rapprocher et j'ai commencé à trembler, pris de terreur. Encore et encore, j'essayais de me servir de l'anneau, même quand le tourbillon en furie m'a arraché de l'endroit où je me tenais et m'a emporté, vaincu, impuissant. C'est à cet instant que j'ai senti que j'allais mourir. C'était la fin. À quoi bon lutter ? Rien ne pourrait me sauver. Il ne restait plus qu'à accueillir la mort. Et j'ai lâché prise.

À ce moment-là, tout dans mon univers a semblé s'aligner. Le vent et la pluie, la grêle et les éclairs ont commencé à bouger en moi. J'ai senti les éléments me renforcer, et quand la tempête s'est calmée et que le vent m'a doucement ramené au sol j'ai su que j'avais été béni. Le rêve m'avait donné le pouvoir de la tempête, mais je pouvais choisir d'être en son centre, au calme dans son œil, au cœur du chaos.

C'est après avoir fait ce rêve que j'ai eu le sentiment d'avoir obtenu ma réponse.

Par la suite, en étudiant les significations numérologiques des diverses permutations de mon futur nom, j'ai d'abord choisi « Stormwolf » (« loup de la tempête »), et je suis allé jusqu'à faire changer mon nom officiel pour l'y inclure.

Il faudrait encore deux ans pour que j'y ajoute « Faery », pour rappeler la nature féerique de l'esprit du Loup que j'avais rencontré, mais aussi en hommage à la tradition de l'Art qui m'attirait tant, ainsi qu'aux fées du folklore, qui ont joué un rôle très particulier dans ma vie et dans mon travail dans cette tradition. Chacun de ces éléments apporte au mélange un pouvoir et une influence spécifique ; chacun d'eux est un fil, et tissés ensemble ils forment une tapisserie d'intention et de pratique magique.

Au premier abord, on pourrait être tenté de considérer l'adoption d'un nom magique (surtout s'il s'écarte beaucoup des conventions ordinaires habituelles) comme un simple artifice, au mieux visant à satisfaire la vanité ou l'ego, au pire conduisant à se faire des illusions. Mais cette vision cynique est aveugle aux implications plus profondes de cette pratique, qui se révèle un outil incroyablement puissant de notre arsenal magique.

L'acte de prendre un nom magique est tout simplement l'un des outils les plus puissants que vous rencontrerez jamais, et que vous pourrez utiliser dans l'Art. C'est un sort que l'on jette à chaque fois que l'on se sert de ce nom ; il contribue à façonner le type de sorcier ou de sorcière que nous voulons être. Il n'y a pas un seul moyen de choisir un nom magique ; mais il faut tenir compte d'un certain nombre de choses, car ce nom aura sur la personnalité un effet très profond, et affectera dans une certaine mesure tous les aspects de notre vie.

Ce livre n'est pas un simple dictionnaire de noms, ni même d'éléments pour constituer des noms. Il vise au contraire à inspirer autant qu'à guider, à vous donner des repères sur la voie vers votre nom. Dans la première partie, « Qu'est-ce qu'un nom ? », nous allons traiter de l'histoire des noms et des manières de nommer, ainsi que du concept occulte de la *persona* magique. Dans la deuxième partie, « Inspiration, graines et sources », nous allons explorer l'histoire, la mythologie et la nature (animaux, astres et plantes), et même des pratiques comme l'astrologie et le tarot ; ce sont toutes des pièces du puzzle intérieur qu'est notre identité magique qui pourront nous aider à déterminer un nom qui parlera à notre puissance et à notre présence intérieures. Dans la troisième partie, « Le choix et l'assemblage », nous allons commencer à tout assembler, à regrouper les éléments que nous avons rencontrés pour en faire un tout cohérent, et faire intervenir aussi bien la numérologie que le rituel pour affirmer plus fortement le nom que nous avons choisi et incarner pleinement notre vrai soi magique.

Que ce soit pour choisir votre propre nom magique (ou même le nom de votre groupe ou de votre *coven*), n'hésitez pas à piocher à votre gré parmi les suggestions proposées humblement dans ce livre. Il n'y a pas de bonne ou de mauvaise façon de découvrir son identité et son nom magiques, et il n'y pas non plus de programme défini, si ce n'est de se livrer à des expérimentations et de s'adonner à de saines réflexions philosophiques. Il n'y a pas deux voyages tout à fait identiques. Nous allons simplement errer par les chemins qui serpentent entre les pics et les vallées, où certains ont trouvé des éléments utiles au cours de leur propre quête, dans l'espoir que vous y trouviez conseil et inspiration pour le moment où vous vous embarquerez vous-même à la découverte du pouvoir du nom sorcier.

Première partie :
Qu'est-ce qu'un nom ?

Chapitre un : L'essence et le nom

« Notre nom est une étiquette, solidement attachée
à l'essence de nos comportements passés. »

Logan Pearsall Smith,
Afterthoughts

En fait, on connaît l'existence de noms antérieurs même à l'invention de l'écriture. Ils ont quelque chose comme trente mille ans, et sont peints sur les parois de grottes en Europe, en Asie, en Australie et dans les deux Amériques. Ils ne sont dans aucune langue, dans aucun système d'écriture : ce sont les contours des mains des artistes. Une projection de poudre colorée permet de voir l'endroit où quelqu'un a apposé sa main étendue sur la pierre. C'est un instant de préhistoire figé dans le temps. Ces mains semblent nous dire : « J'étais là, souvenez-vous de moi. »

Un nom est une affirmation. Il dit « Je suis moi » ou « Vous êtes vous ». Il exprime une unicité. « Je ne suis pas comme ça » ou « Je suis comme ça ». Il différencie, il divise. Mais il peut aussi réunir ; un nom partagé définit une association. Les noms sont dynamiques, énergiques, vivants. Ils peuvent nous exalter autant que nous anéantir. Les noms sont les mots les plus magiques qui peuvent être produits par une langue. Les noms ont du pouvoir. Et chacun d'eux possède une essence d'intention, d'histoire, d'aspiration, ou même, dans certains cas, d'avertissement.

Depuis des temps immémoriaux, dans toutes les langues que l'on a pu parler sur notre planète, il y a des noms ; ils font partie intégrante du langage : sans eux, nous serions perdus dans un océan infini de relations nébuleuses, incapables de distinguer les unes des autres les personnes de notre entourage, de savoir où nous sommes, ni même qui nous sommes. Par la spécificité qu'ils impliquent, les noms nous permettent de nous y retrouver dans un réseau complexe de gens, de lieux et de choses, où chaque élément a sa propre zone d'influence dans un enchevêtrement d'interactions et de relations. Chaque individu, chaque endroit, chaque objet porte en lui une série de noms qui peuvent servir à l'identifier dans le contexte d'un ensemble plus étendu.

Lorsqu'on a affaire à un petit groupe d'amis et de connaissances, il est probable que le prénom offre un niveau suffisant de distinction pour identifier de façon efficace tous les membres du groupe. Mais dans une sphère plus vaste, nous avons besoin d'identifiants supplémentaires qui permettront davantage de précision.

Par exemple, nous devons savoir que nous parlons à un Jonathan donné, pas juste à n'importe quel Jonathan. Le nom « Jonathan Baker » ne convient pas si nous devons en fait parler à Jonathan Fisher ; si l'on élargit le cercle, et qu'on se rend compte qu'on doit parler à Jonathan Fisher de San José en Californie, et non à une personne du même nom qui vit à Richmond en Virginie, ou en Ontario au Canada, ou encore à Sydney en Australie.

Les lieux aussi ont des noms qui leur confèrent une certaine « personnalité », et comme nos nombreux Jonathan, deux endroits portant le même nom sont différents. J'ai grandi dans une ville appelée Dublin ; mais elle est en Californie, et je peux vous garantir qu'elle ne ressemble pas du tout à la capitale de l'Irlande.

On peut dire d'une pierre semi-précieuse violette que c'est un cristal, ou même un caillou. Mais si on veut être un peu plus précis, on peut dire que c'est un morceau d'améthyste. Ceci permet de la distinguer d'autres pierres violettes, comme la sugilite ou la charoïte. Mais si l'on a besoin d'être encore plus précis, on peut aller plus loin : c'est peut-être un morceau d'améthyste chevron, qui a des marques spécifiques qui la distinguent d'autres variétés. Il peut aussi s'agir d'un morceau d'améthyste botryoïde (même si on l'appelle couramment du nom trompeur d'« agate de raisin »). Chaque nom nous ouvre un niveau supplémentaire de description, de signification et même d'histoire, qui nous aide à identifier correctement ce dont nous parlons. (Dans le cas de l'agate de raisin, son nom inapproprié vient d'une erreur d'identification lors de sa découverte ; le nom incorrect lui est tout simplement resté attaché. Dommage ! Mais c'est ça l'histoire.)

Mais l'importance des noms ne réside pas uniquement dans leur côté pratique. Les noms que nous utilisons ont aussi des niveaux plus profonds, qui offrent un contexte qui dépasse l'individu, souvent transmis au sein d'une famille par des observances culturelles qui ont chacune leur propre histoire. Ils nous fournissent une perspective historique plus vaste, et ils peuvent même déterminer notre perception des personnes et des lieux qui les portent. Un nom nous donne la possibilité de personnifier le passé, le présent et nos espoirs pour l'avenir. Les noms sont magiques.

La loi magique des noms

Selon un enseignement occulte traditionnel, les mots ont du pouvoir ; et le « véritable nom » d'un individu a un pouvoir encore plus grand : c'est un lien par lequel on peut exercer une influence magique. Connaître le vrai nom de quelqu'un ou de quelque chose, c'est en quelque sorte avoir un pouvoir sur cette personne ou cette chose ; de nombreux exemples dans les récits folkloriques viennent à l'appui de cette affirmation magique.

Le plus célèbre exemple que la mythologie nous donne concernant le pouvoir du véritable nom est peut-être celui de la victoire d'Isis sur Rê, le dieu égyptien du Soleil. Selon cet ancien mythe, Rê, devenu vieux et faible, bave sur la Terre, exposant ainsi une partie de son essence divine[2]. Isis, qui en a été témoin, en profite pour mêler cette bave à un peu de terre et en modeler un serpent, qu'elle place sur le chemin du dieu Soleil. Quand Rê croise le serpent, celui-ci frappe, instillant un venin divin dans ses veines. Comme le dieu créateur agonisait (aucun des autres dieux ne pouvant l'aider), Isis, la maîtresse de la Magie et de la Guérison, l'informe qu'elle est la seule à pouvoir le guérir, mais seulement au moyen de son véritable nom, un secret bien gardé, connu seulement de Rê. Après avoir essayé sans succès de la tromper en lui donnant des noms et des titres mineurs, il finit par céder et transfère son vrai nom (qui donne le pouvoir sur la vie et sur la mort) de l'intérieur de sa poitrine vers l'intérieur de celle d'Isis ; elle s'en

---

2. Murray (Margaret Alice), *Ancient Egyptian Legends*, 1re éd. Londres, J. Murray, 1920, https://www.sacred-texts.com/egy/ael/ael13.htm

sert alors pour lui rendre la santé, à condition qu'il prête serment : « Lie-toi par serment, ô Rê, de donner tes deux yeux [le soleil et la lune] à Horus [son fils][3]. » Par cet acte, Isis est devenue la plus puissante des *neteru*, plus encore que le créateur, Rê lui-même[4].

Mais cette croyance dans le pouvoir occulte des noms n'était certainement pas confinée à l'Égypte antique. De nombreuses autres cultures partageaient la même vision de leur pouvoir caché, élaborant des systèmes de croyance qui ont perduré au travers des siècles.

Dans l'un des récits reconnus comme l'un des plus anciens de la culture occidentale, nous voyons comment cette croyance dans le pouvoir des noms a été transmise de génération en génération. Le conte de « Rumplestiltskin[5] », recueilli et rédigé par les frères Grimm en 1812, est daté d'il y a quatre mille ans ; il est centré en partie sur l'importance du véritable nom. Dans l'histoire, un meunier vantard ment à un roi, prétendant que sa fille peut filer de l'or avec de la paille. Le roi fait enfermer la jeune fille dans une tour remplie de paille, et lui ordonne de tout transformer en or avant le lever du soleil sous peine de mort. Comme elle n'a aucune idée de la façon de s'y prendre, elle se met à pleurer et à gémir. Alors qu'elle a perdu tout espoir elle voit apparaître un lutin qui accepte de filer toute la paille en or en échange de quelque chose. Elle lui offre son collier, et il effectue la tâche comme promis. Le lendemain matin, quand le roi découvre que toute la paille a bel et bien été transformée en or, il l'emprisonne dans une pièce plus grande, avec encore plus de paille, et lui ordonne de reproduire son exploit, une fois encore, sous peine de mort. Le lutin revient ce soir-là en entendant ses pleurs et accepte de recommencer, mais seulement en échange de quelque chose. Elle lui offre son anneau. Le

3. Site Internet Egyptian *Gods* : Isis, Egyptian *Gods* and *God*desses, http://egyptian-*gods*.org/egyptian-*gods*-isis/

4. *Neteru* est le nom que les anciens Égyptiens donnaient aux esprits puissants (« noms et principes divins ») ; on le traduit en général par « dieux ».

5. NdT : En allemand *Rumpelstilzchen* ; suivant les versions, il porte divers noms en français, dont Tracassin, Bibamboulor, Bimbamboulor, Barbichu, Grigrigredinmenufretin, Oustroupistache, Gargouilligouilla, Broumpristoche, Ricouquet, Mirlikovir, Myrmidon, Tom-Tit-Tot ou Vircocolire.

troisième jour, le roi l'emmène dans une pièce encore plus grande, et lui dit que si elle peut faire ce qu'elle a fait une troisième fois, il l'épousera (mais toujours sous menace de mort, attention ; les rois, apparemment, ne sont pas réputés pour leur empathie). Cette nuit-là, le lutin revient et la trouve encore en larmes, mais cette fois-ci elle n'a rien à échanger. Il lui propose alors un marché : il filera la paille en or pour elle une dernière fois, mais seulement en échange de son premier enfant. Comme elle n'a pas vraiment le choix, elle accepte.

Le roi est très content (ça doit être agréable, d'avoir trois grandes tours remplies d'or), tient sa promesse et épouse la jeune fille. Un an plus tard, quand la reine donne naissance à son premier enfant, le lutin revient pour réclamer son dû. Elle lui offre toute la richesse du royaume en échange de son bébé, mais la seule chose qui l'intéresse, c'est le marché qu'il a conclu avec elle.

Après une longue discussion (et bien des sanglots), il finit par abandonner ses prétentions sur l'enfant si elle peut deviner son véritable nom en moins de trois jours, durant lesquels elle propose toute une série de noms, dont aucun n'est le bon. Mais un soir, l'un des messagers de la reine tombe sur une petite maison cachée très haut dans la montagne, où il trouve un étrange petit lutin qui danse autour d'un feu. Il est en train de chanter une chanson dont les paroles, très à propos, contiennent non seulement ses plans pour voler l'enfant de la reine le lendemain, mais aussi son nom, qui est très inhabituel. (Ça, c'est du rebondissement !)

Forte de ce nouveau renseignement, la reine attend qu'il reparaisse. Quand il revient ce soir-là pour lui donner sa dernière chance, elle commence par faire semblant d'ignorer encore son nom, puis finit par le révéler, à la grande horreur du lutin. Elle l'a battu selon ses propres règles ; il doit donc s'exécuter.

Les spécialistes discutent pour savoir s'il accusait à l'origine le diable ou des sorcières d'avoir révélé son nom à la reine. On ignore aussi la manière exacte dont il a réagi : dans certains contes, il frappe du pied si fort qu'il finit par tomber dans les profondeurs de la Terre, ou même par s'ouvrir en deux par le milieu ; et dans d'autres, il devient fou ou il s'envole par la fenêtre, à cheval sur une louche (vous savez, comme le font tous les lutins). Le seul détail qui met tout le monde d'accord, c'est qu'après sa défaite il a laissé en paix la reine et son bébé, et n'est jamais revenu.

Si l'on estime que ce conte particulier est allemand, on retrouve le même thème en Écosse avec « Whuppity Stoorie », en Angleterre avec « Tom Tit Tot », au pays de Galles avec « Silly go Dwt », en Italie avec « Tarandandò », et chez les Slaves avec « Kinkach Martinko », entre autres. En fait, il existe tant de variantes de ce thème spécifique qu'elles disposent d'une désignation officielle collective dans l'index Aarne-Thompson-Uther, un système de classification pour les histoires et les contes folkloriques. Toutes sont des exemples du type 500 « le Nom de l'aide », dans lequel un aide de l'autre monde (souvent menaçant) est vaincu lorsque le héros (ou la victime) découvre son véritable nom (ce qui se produit toujours parce que quelqu'un entend l'aide le révéler lui-même[6]).

On trouve des variantes de ce thème[7] en Inde (« Tapai et le Brahmane » ; où le protagoniste doit apprendre les noms des ancêtres d'un fantôme pour ne pas être tué), en Norvège et en Suède (« Le roi Olaf et le géant » ; un roi passe un marché impossible mais se tire d'affaire en apprenant le nom du géant), et dans les îles Shetland (« Le chien noir » ; une sorcière qui se transforme en chien pour provoquer des catastrophes est vaincue quand un voisin la reconnaît et crie son nom, la chassant du même coup), pour n'en nommer que quelques-unes. Qu'il suffise de dire que le thème du véritable nom comme moyen de protection contre les restrictions du pouvoir de l'autre monde est bien établi dans les contes folkloriques.

6. Ashliman (D. L.), « The Name of the Helper », *Folklore and Mythology Electronic Transcripts*, University of Pittsburgh, 2000, https://www.pitt.edu/~dash/type0500.html

7. *Ibid.*

Le nom comme bénédiction

On voit que, par bien des aspects, les exemples ci-dessus représentent un type de bénédiction intrinsèque au nom ; car quand on le prononce, on écarte la menace de mort. En un sens, ces noms sont protecteurs par nature, car ils empêchent les puissances de l'autre monde de s'en prendre à notre frêle humanité.

Dans de nombreuses traditions religieuses, on se sert de noms divins spécialisés comme moyen de développer un lien plus étroit avec une divinité, ou d'invoquer certaines bénédictions ou protections. Le baptême chrétien est un exemple de cette pratique. En Irlande et en Angleterre, on croyait qu'un bébé non baptisé courait le risque d'être enlevé par les fées, qui laissaient à sa place un « changelin ». On peut supposer que l'absence d'un nom « véritable » exposait l'enfant à un danger particulier : ce rite possède donc des qualités spirituelles de protection.

Il existe une pratique dévotionnelle courante dans l'hindouisme : psalmodier des noms divins ou des mantras (un terme que l'on peut traduire par « paroles sacrées », « mots de pouvoir », ou « liberté mentale ») un nombre de fois spécifique pour accéder aux bénédictions et au pouvoir de la divinité ou du mantra. On répète une psalmodie comme le célèbre *Om Namah Shivaya* (« Ô salutations à Celui qui est de bon augure ! ») jusqu'à atteindre un état de transe, qui offre au dévot un sentiment d'équilibre, de bien-être et de protection divine.

En sorcellerie, il est courant de psalmodier ou d'affirmer certains mots de pouvoir, qui peuvent éventuellement inclure les noms de certaines divinités avec lesquelles le praticien est aligné sur le plan énergétique ou spirituel. Par exemple, on peut psalmodier ou répéter de façon rythmique une liste de noms de déesses, comme :

Mari, Inanna, Déméter, Perséphone, Athéna, Aradia, Diane.

Chacun de ces noms porte en lui un fil de pouvoir issu de son panthéon, ce qui en fait une puissante psalmodie au féminin sacré. Si l'on veut se relier à la Déesse, répéter cette liste de noms, ou une autre du même genre, produira un genre de portail énergétique qui donnera accès plus profondément à cette conscience. Dans les cercles sorciers et païens, on répète souvent une psalmodie jusqu'à atteindre un état de transe, ou simplement pour générer du pouvoir pour l'individu ou le groupe.

Les noms barbares

Certains mots qui semblent n'être que du charabia inintelligible, leur sens étant perdu depuis l'Antiquité, n'en sont pas moins réputés avoir un pouvoir magique. L'occultisme regorge de tels mots ou phrases, et même si on ne peut pas en donner de traduction littérale (et parfois malgré les traductions erronées qui peuvent exister), la psalmodie fonctionne tout de même comme attendu. Aleister Crowley a émis l'hypothèse que le sens de ces mots n'avait pas vraiment d'importance et que c'était sur leurs sonorités que l'occultiste pratiquant devait avant tout se concentrer[8].

Voici une psalmodie wiccane particulièrement célèbre (et presque entièrement incompréhensible) :

Eko, eko, Azarak
Eko, eko, Zomelak
Bazabi lacha bachabe
Lamac cahi achababe
Karrellyos
Lamac lamac Bachalyas
Cabahagy sabalyos
Baryolos
Lagoz atha cabyolas
Samahac atha famolas
Hurrahya[9] !

---

8. Crowley (Aleister), Desti (Mary), Waddell (Leila), *Magick: Liber ABA, Book 4*, San Francisco, Samuel Weiser, 1994, p. 231.

9. Gardner (Gerald), *The Gardnerian Book of Shadows*, 1re éd. sous le titre *Ye Bok of Ye Art Magical*, 1949, https://www.sacred-texts.com/pag/gbos/gbos07.htm

On a fait de nombreuses tentatives pour expliquer la signification de ce passage (qui apparaît aussi sous d'autres versions, dont une de 1926), mais aucune, à mon avis, n'est parvenue à en produire une traduction valable.

Ici, je me sens obligé de vous raconter une histoire amusante. Plusieurs années après mon initiation dans la tradition Faery américaine, une réunion d'initiés a été organisée pour que nous puissions partager les mystères intérieurs de notre Art. C'était un événement important, parce que notre tradition est surtout constituée de solitaires isolés et de *covens* et de lignées qui, très honnêtement, ne s'entendent pas vraiment bien pour la plupart. Une partie de cette réunion a été consacrée à la documentation de certains savoirs traditionnels, qui n'étaient pas nécessairement tous accessibles à tout le monde ; c'était donc l'occasion idéale d'en apprendre un peu plus sur l'évolution et l'histoire de notre Art. Dans un atelier (auquel, hélas, je n'ai pas assisté), il y a eu une discussion sur les éléments de gallois qui sont entrés dans certains des rites de nos lignées. On m'avait transmis une invocation ou deux, mais dans certaines lignées il y avait des textes entiers dans cette langue. Puisque personne, dans notre tradition, ne parlait gallois, nous devions tout simplement accepter, sans pouvoir le vérifier, que les mots que nous prononcions avaient bel et bien le sens qu'ils étaient supposés avoir. Au fil des années, nous avons appris que certains mots étaient mal prononcés, ou que certains sens supposés étaient en fait erronés. Concernant ce dernier point, il y avait une belle invocation aux ancêtres qui faisait l'objet d'une récitation lors de chaque Samhain. Pendant cette réunion, nous avons demandé à un initié qui parlait gallois de « vérifier » le langage du texte pour les personnes présentes, ce qu'il a fait. À la surprise générale, cette invocation, utilisée et vénérée depuis des années par cette lignée particulière de notre Art, s'est révélée signifier à peu près « insérez ici l'invocation aux ancêtres ». Inutile de dire que ceci a fait l'objet de longues discussions pendant le reste de la réunion.

La découverte du sens véritable des mots gallois n'invalide en aucune manière l'emploi qui en était fait, bien entendu. On les récite depuis des années lors de rituels qui étaient eux-mêmes efficaces, et donc leur sens « réel » importe peu, car ils se sont chargés d'intention magique et des émotions des participants, développées au fil du temps, rituel après rituel, année après année. Ils sont devenus des noms barbares, prononcés sans égard pour leur sens rationnel supposé, mais pour contacter quelque chose de plus profond, de brut, de primitif, quelque chose qui parle de vie et de mort, de sentiment et de pouvoir. Et ils peuvent même constituer des noms que nous prenons pour nous-mêmes. Ils doivent seulement n'avoir de sens que pour nous-mêmes, et pour personne d'autre.

Mat Auryn, l'auteur de *Psychic Witch*, m'a parlé de sa propre expérience avec le nom magique. Il a raconté comment ce nom est né d'une opération rituelle, d'un mot qui lui est venu et qui n'avait vraiment aucune signification extérieure ; et il m'a dit à quel point il avait été intrigué quand il a rencontré un autre occultiste qui s'en servait dans un contexte différent :

> *J'ai reçu mon nom un soir, en faisant de la magie avec mon esprit familier. C'est un unique mot, qui en lui-même ne signifie rien, mais qui, disséqué, acquiert divers niveaux de signification. Ce qui est intéressant, c'est que ce nom s'est aussi révélé être celui d'un grimoire sans titre, écrit par un occultiste bien connu, qui n'avait jamais été publié mais qui pourrait l'être, plus tard. J'ai appris le titre de ce livre lors d'une conversation avec quelqu'un qui était proche de cet occultiste et qui est maintenant à la tête de son ordre occulte. Bien sûr, je ne lui ai pas dit que c'était le nom que j'avais reçu ; mais je me suis dit que c'était là une synchronicité intéressante, car il ne s'agissait pas d'un mot « réel », d'un nom qui existait ou qui signifiait quelque chose.*

Le pouvoir des noms ne se limite certainement pas à la magie, à la religion ou au folklore. Les sonorités mêmes des mots que nous prononçons, entendons et lisons peuvent déterminer la manière dont nous y réagissons. Prenez par exemple cette expérience menée par le psychologue Wolfgang Köhler, et dont il a rédigé le rapport en 1947. Il a déclaré : « Dans les langues primitives, on trouve des preuves à l'appui de la thèse selon laquelle les noms des choses et des événements perçus par la vue ou le toucher sont souvent construits sur la base de ces ressemblances[10]. »

Pour en donner une illustration, il a choisi deux mots dénués de sens, *takete* et *maluma*, et il a demandé à une série d'individus de faire correspondre chacun d'eux à l'image qui leur semblait la plus « juste » entre les deux qu'on peut voir ci-dessous :

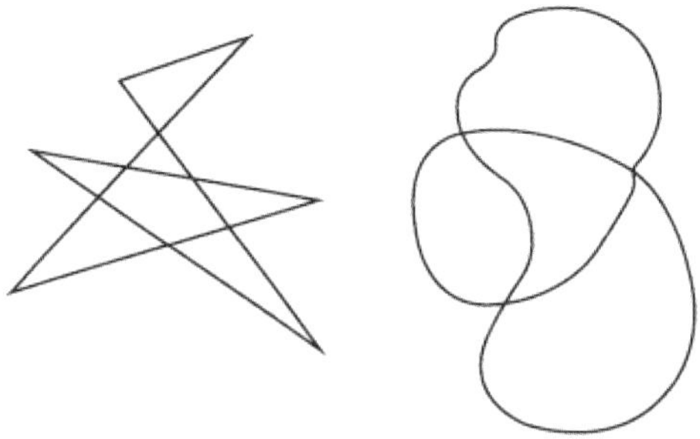

Lequel est lequel ?

La plupart des personnes à qui Köhler a posé cette question ont considéré que *maluma* était courbe et *takete* anguleux, en se basant uniquement sur les sonorités des mots. Serait-il donc possible que les noms que nous portons et que nous donnons aient en eux-mêmes un effet similaire, quoique inconscient et involontaire ?

La réponse est un oui catégorique. Considérez l'hypothèse Portia (qui tire son nom d'un personnage du *Marchand de Venise*, une pièce de Shakespeare, qui se déguise en homme pour pouvoir tenir le rôle d'avocat). Une étude a constaté que les femmes qui ont un nom aux sonorités traditionnellement masculines auront plus de chances de réussir

10. Köhler (Wolfgang), *Gestalt Psychology: An Introduction to New Concepts in Modern Psychology*, New York, Liveright, 1947.

dans les professions juridiques que celles qui ont un nom aux sonorités traditionnellement féminines[11].

Mais le sexisme n'est pas le seul démon dont on a dévoilé la présence sournoise dans notre relation collective aux noms. D'autres études ont conclu que les postulants pour un emploi dont le nom « sonne blanc » ont un traitement préférentiel à celui de ceux dont le nom « sonne noir[12] ». Nous croyons peut-être n'avoir aucun a priori, mais ces préjugés cachés dans notre inconscient ne cessent de ressurgir.

Avertissements et tabous

Mais, comme toujours dans la vie, tout n'est pas que câlins et petits chatons. Si le langage peut (et doit !) être utilisé pour octroyer des noms qui libèrent, guérissent et soutiennent, le vrai pouvoir est toujours à double sens. Si le simple fait de connaître (ou de prononcer) certains noms divins a permis, au cours de l'histoire, d'invoquer bénédiction et protection, il existe certains noms qui portent en eux une « malédiction », une souillure sinistre, un pouvoir négatif, servant peut-être d'avertissement à autrui. Nous pouvons là aussi nous tourner vers le folklore pour voir comment on s'est servi du côté sombre de la linguistique, et comment ce savoir a été transmis tout au long des générations jusqu'à aujourd'hui.

« Quand on parle du diable (on en voit la queue) »

De nos jours, on se sert de cette expression célèbre lorsqu'une personne arrive inopinément après qu'on a dit son nom. Elle remonte au XVIe siècle, et elle se base sur la coutume, courante à l'époque, qui voulait qu'on évite

11. Weiss (Debra Cassens), « Female Lawyers with Masculine Names May Have a Better Shot at Judgeships », *ABA Journal*, 3 septembre 2009, www.abajournal.com/news/article/female_lawyers_with_masculine_names_may_have_a_better_shot_at_judgeships_st

12. Delistraty (Cody C.), « Who Wins in the Name Game ? », *The Atlantic*, 16 janvier 2018, www.theatlantic.com/business/archive/2014/07/who-wins-in-the-name-game/374912/

de mentionner le diable de peur de se faire remarquer par lui. C'est une allusion à l'ancienne croyance selon laquelle prononcer à voix haute le nom d'une personne pouvait en fait attirer son attention par des moyens peu ordinaires. Nous voyons encore une fois l'emploi d'un nom comme lien avec son possesseur : le simple fait de prononcer un nom à voix haute pouvait alerter par magie l'être que l'on nommait.

N'oublions pas non plus les anciens contes irlandais, dans lesquels les fées de l'autre monde sont souvent désignées par des euphémismes plutôt que par leur nom propre, de peur d'attirer leur attention et d'encourir ainsi leur colère. On se servait peut-être de noms comme « les Bons Voisins », « le Petit Peuple » et « le Bon Peuple » précisément parce que les fées n'étaient en fait pas du tout bonnes ou aimables (et parfois, elles n'étaient même pas petites). On peut comprendre cet usage comme un moyen d'apaiser les fées et d'écarter leur colère, ou peut-être même comme un charme protecteur pour les encourager à apparaître sous une forme plus agréable et plus sympathique. On a des récits similaires au sujet des puissantes Furies, les trois sœurs de la mythologie grecque, ce qui explique pourquoi on les appelait traditionnellement par euphémisme les Euménides, c'est-à-dire les Bienveillantes (personne n'a envie de se faire mal voir d'elles !).

Les tabous entourant les noms n'existent pas seulement pour notre protection. Dans la culture juive, on décourage la prononciation de ce que l'on considère comme le vrai nom de Dieu, qui serait trop saint pour être prononcé à voix haute. Transcrit en général YHVH, le tétragramme (un mot d'origine grecque signifiant « écrit avec quatre lettres ») ne comporte pas de voyelles ; elles se sont perdues au fil du temps. Les juifs le remplacent normalement par un autre mot, comme Adonaï (« le Seigneur »), quand ils prient, ou HaShem (« le Nom ») en conversation. De nombreux juifs contemporains de langue anglaise vont encore plus loin dans cette pratique et omettent la voyelle du mot *God* (« Dieu »), qu'ils écrivent « G-d ».

On doit aussi ajouter, ce qui présente un intérêt certain, que le vrai nom de Dieu serait un ingrédient essentiel à la création d'un golem, un être artificiel amené à la vie pour effectuer certaines tâches. On écrit en général ce nom sur un morceau de papier que l'on place dans la bouche du golem ou sur son front. Cette procédure est indiquée comme très dangereuse, car on dit que le pouvoir que le nom libère est ingouvernable, et pourrait facilement se retourner contre ceux qui s'en servent.

Des tabous concernant certains noms ont évolué naturellement dans le cours de l'histoire. Par exemple, il y a très peu de personnes prénommées Adolphe de nos jours, en comparaison du début du XXe siècle. Et je me demande si le prénom « Karen » perdra un jour sa mauvaise réputation, quand l'année 2020 ne sera plus qu'une petite note de bas de page dans les annales de l'histoire. (Mes excuses à toutes les gentilles Karen[13], bien sûr.)

Un problème de « mauvais nom » exclusivement lié à notre époque concerne les personnes dont le nom de famille est « Null ». En raison du sens de ce mot dans le langage informatique (champ vide), ces individus ont souffert de maux de tête, surtout quand ils ont voulu acheter des billets d'avion. Les systèmes informatiques de certaines compagnies aériennes refusent tout simplement d'accepter « null » comme réponse[14].

L'origine de ce problème n'est peut-être pas mystique, mais la « mauvaise énergie » associée à ce nom n'en est pas moins réelle.

Nomen Mysticum
« Le nom mystique »

Mais laissons de côté les noms que nous utilisons dans la vie de tous les jours. Dans de nombreuses cultures, depuis très longtemps, des individus adoptent un nom qui reflète mieux leurs éventuelles expériences sur les plans intérieurs : notre monde intérieur d'espoirs, de rêves et de visions. C'est le postulat de base sur lesquelles se fondent les pratiques spirituelles de changement de nom des religions du monde entier.

---

13. NdT : Allusion au comportement raciste et prétentieux d'une « Karen » très médiatisée en 2020.

14. Baraniuk (Chris), « These unlucky people have names that break computers », BBC Future, 25 mars 2016, https://www.bbc.com/future/article/20160325-the-names-that-break-computer-systems

La pratique d'adopter un nouveau nom qui reflète une nouvelle vie dans un système ou un ordre spirituel est relativement courante, et elle mérite une réflexion attentive. Elle constitue littéralement une véritable expérience religieuse. Le nom que nous nous attribuons va affecter notre vie intérieure, ainsi que nos interactions avec autrui. Il nous appartient de prendre notre temps, et de nous embarquer d'abord dans un voyage de découverte de soi. En d'autres termes, nous devons chercher notre véritable nom.

Mais qu'est-ce exactement qu'un véritable nom ? Est-ce ce qui est imprimé sur notre certificat de naissance ? Les mots prononcés par un prêtre ou un membre de la famille dans les premiers jours de notre existence ? Ou autre chose ? Quelque chose de plus profond, qui existe peut-être comme possibilité en chacun de nous, attendant simplement qu'on le découvre ? Suivant notre culture ou notre croyance, la bonne réponse peut être l'une ou l'autre de celles-ci. Mais vivre dans le monde occidental actuel signifie que bon nombre d'entre nous se sont détachés de leurs coutumes prémodernes ancestrales, et nous n'avons pas beaucoup d'autre recours que de puiser notre inspiration dans toutes les sources que nous pouvons trouver. La sorcellerie en est une, en ceci qu'elle nous permet de jeter un regard poétique sur le monde qui nous entoure, nous libérant de la vision strictement rationnelle de la conscience de veille et nous permettant d'avancer sans entraves entre les mondes magique et ordinaire.

Quand nous serons passés à la « conscience du cerveau droit », celle de l'art et de l'extase, nous pourrons plus aisément apprendre le pouvoir magique des noms et ce qu'il implique pour nous.

C. W. Leadbeater, le célèbre théosophe anglais, a décrit le véritable nom dans le sens d'une série de « notes » combinées, émises par les corps subtils de l'être humain, chacune contribuant à un accord spécifique qui caractérise l'énergie de l'individu au niveau de son âme[15]. Leadbeater affirme que, même si beaucoup d'humains peuvent partager certains

15. Leadbeater (Charles Webster), *The Inner Life* (vol. I et II combinés), Rookhope (UK), Aziloth Books, 2013, 1re éd. Adyar (India), Theosophical Publishing House, 1912, 1917.

aspects ou certaines notes, chacun a un accord unique qui constitue un genre de signature énergétique qui peut être utilisé pour l'identifier sur le plan spirituel, et même pour établir un lien sur les plans intérieurs. C'est pourquoi la tradition et le folklore exigent que l'on dissimule son véritable nom. Connaître ce nom, c'est bien davantage que mémoriser un mot : c'est avoir une connaissance intime des énergies subtiles de l'individu. Et cette connaissance, une fois acquise, donne à ceux qui la possèdent un genre d'accès mystique à ces énergies ; une « faiblesse » potentielle dans l'armure psychique, en quelque sorte.

Le véritable nom est notre quintessence divine, cette étincelle de divinité avec laquelle le praticien spirituel travaille diligemment, la cultivant pour en faire jaillir une flamme vive. Une fois allumée, nous faisons l'expérience de la « véritable initiation », qui n'est pas nécessairement conférée par une autre personne, par une lignée, un *coven*, une loge, un ordre ou une tradition, mais qui constitue une révélation personnelle qui est une rencontre immersive et transformatrice avec le numineux.

Jusqu'ici, nous avons décrit ce nom en termes de notes et d'accord musical. Mais il faut aussi reconnaître que ces mots, s'ils sont certes utiles pour développer une meilleure compréhension du sujet, sont hélas bien insuffisants, car les analogies qu'ils expriment reposent sur les perceptions limitées du corps physique. Ce qui est perçu sur les plans intérieurs peut se manifester à nous très clairement comme un son, mais aussi tout autrement. Nous pourrions tout autant décrire le véritable nom comme un sentiment, une image, un souvenir, un rêve, une combinaison de ces choses, ou encore de façon tout à fait différente.

En un sens, le véritable nom est imprononçable par une langue humaine ; il existe comme vibration spirituelle ou fréquence énergétique. Pour vraiment maîtriser son pouvoir, nous devons le faire « descendre » de la sphère céleste et l'ancrer en nous-mêmes. Et nous le faisons par des actes de magie et d'intention. À ce stade, nous avons dépassé depuis longtemps les limitations mesquines de la raison, et nous sommes entrés de plain-pied dans la magie. Mais c'est exactement là que nous devons être pour faire le pas suivant.

L'essence de notre nom véritable est, en un sens, un pouvoir archétypal qui nous interpelle par une mystérieuse résonance dans notre âme. Elle nous parle de bien des choses, qui sont toutes un aspect de nous-mêmes, que nous en ayons conscience ou non. Mais tout au fond de nous-mêmes, nous savons. Nous savons ce qui nous attire réellement. Nos espoirs, nos craintes, nos désirs et nos rêves, avec nos blessures et nos regrets, jouent un rôle dans notre croissance, nos changements et notre évolution. Et toutes ces choses affectent notre accord intérieur, cette essence indicible à laquelle nous devons finir par donner un nom si nous voulons maîtriser son pouvoir.

Elle est peut-être indicible, ou même impossible à exprimer en mots, mais le fait de se trouver consciemment en sa présence va inspirer en nous quelque chose de réel. C'est cela que nous devons rechercher. Le nom que nous donnons à cette essence (ou le nom qui nous est donné, si vous préférez) est une ancre symbolique qui s'attache à notre être quintessentiel. En essence, ils sont identiques l'un à l'autre ; mais comme bien des choses dans le monde de la magie et de l'esprit, ils ne le sont pas. Ils sont un paradoxe. Et c'est là que se produit la véritable magie.

Ici, nous nous approchons du monde de l'art et de la poésie, car ce sont là les véritables outils du sorcier et de la sorcière, qui cherchent toujours des moyens de décrire l'indescriptible. Pour y parvenir, nous devons faire usage de tous les outils qui se présentent sur notre chemin.

L'identification consciente à sa propre quintessence n'est pas nécessairement quelque chose de facile. Le monde de la forme contient de nombreuses distractions qui peuvent nous éloigner de cette découverte. S'il y a dans ce monde de rares individus qui semblent naître avec cette connaissance spirituelle « préinstallée », pour la plupart nous avons besoin d'une forme de méthode ou de pratique pour amener notre conscience au degré qui nous permettra de vraiment la percevoir et l'incarner consciemment. Souvent, elle ne nous apparaîtra que sporadiquement, juste assez pour nous encourager ou nous pousser à continuer nos recherches, nous guidant sur le chemin. Pour la plupart d'entre nous, c'est le travail de toute une vie.

Et même après cette découverte, le travail continue. Nous devons apprendre à interpréter ce que nous trouvons ; comment traduire le numineux en termes que peuvent comprendre les gens ordinaires. C'est là que nous comprendrons que le pouvoir des noms est à double sens. Car non seulement les noms ont du pouvoir, mais celui qui nomme en a aussi.

Chapitre deux : Le pouvoir de nommer

« Le commencement de la sagesse, c'est d'appeler les choses par le nom qui leur convient. »

Confucius,

Les Analectes, ch. XIII

Octroyer un nom est un acte de pouvoir. Dans un sens très réel, c'est une affirmation de domination qui dit : « J'ai le droit de te définir, de modifier ton destin. »

S'il est courant en sorcellerie moderne que les praticiens choisissent leur propre nom magique, dans certaines traditions c'est l'enseignant ou l'initiateur qui octroie un nom au nouvel initié. Celui qui nomme et celui qui est nommé entrent ainsi dans une relation d'une grande intimité, même si elle est de nature hiérarchique.

D'après Soulfire, le défunt Victor Anderson (grand maître de la tradition américaine de sorcellerie Faery) aurait octroyé un nom à ses initiés en se basant sur les talents ou l'impulsion spirituelle qu'il percevait chez chacun d'eux :

> *Victor m'a attribué Soulfire*[16]*. Il a donné un nom à chacun d'entre nous. Je suis le seul à avoir décidé de me servir du mien publiquement. D'après Victor, votre nom dans l'Art décrit ce que vous faites. En d'autres termes, votre spécialité en sorcellerie. Il prenait comme exemple les noms des Amérindiens : Danseur de Pluie, etc.*

Cette pratique ne se limite certainement pas à l'Art sorcier, comme le montrent clairement l'histoire et la mythologie.

> *L'Éternel Dieu forma de la terre tous les animaux des champs et tous les oiseaux du ciel, et il les fit venir vers l'homme, pour voir*

16. NdT : « Feu d'Âme ».

comment il les appellerait, et afin que tout être vivant portât le nom que lui donnerait l'homme (Genèse II, 19).

Quand le Dieu de l'Ancien Testament a demandé à Adam de nommer les animaux, il ne lui a pas juste donné une tâche à accomplir ; il lui a aussi accordé l'autorité de le faire. En un sens, nommer une chose, c'est la définir ; c'est un acte qui porte en lui une impression de pouvoir, la prétention à une supériorité dans la hiérarchie supposée. C'est un acte d'absolue humanité, et par extension, de divinité. Cecilia Sjöholm, professeur d'esthétique à l'université de Södertörn, établit un parallélisme entre l'acte de nommer et notre humanité intrinsèque. Elle écrit :

Pour les penseurs de l'époque moderne, du XVIe siècle à l'ère des Lumières, l'acte de nommer est devenu un signe certain d'humanité, par la façon dont il fait intervenir l'intellect, la voix et la culture[17].

Adam différencie l'être humain de l'animal par son emploi du langage, un talent étroitement lié à l'intellect. C'est aussi une allégorie de l'évolution de la conscience rationnelle « civilisée » (aussi appelée « l'ego ») qui sort de l'état primitif de la conscience animale (le ça). Ici, l'emploi du langage pour illustrer cette différence est fondamental. Le langage est une chose complexe, employée de façon délibérée, parfois même intentionnellement limitée, motivée par le désir de communiquer. Par contraste, la nature animale est spontanée, sauvage, et motivée par l'émotion et par l'appétit.

Nous étudierons plus en profondeur ces états de conscience au prochain chapitre. Pour le moment, il suffira de dire que nous faisons constamment intervenir des états d'être différents, mais que pour un sorcier ou une sorcière il est impératif d'apprendre à le faire à volonté et d'être capable de retenir les détails de son expérience au retour à son état normal de conscience de veille. Ce n'est pas toujours aussi facile qu'il y paraît.

---

17. Sjöholm (Cecilia), « The Power of Naming: A Technology for Mastering the World », *Cabinet Magazine*, 2017, www.cabinetmagazine.org/issues/65/sjoholm.php

De même que nous pouvons connaître une forme d'amnésie en nous éveillant d'un rêve intense, faire passer notre conscience d'un état à un autre est plus problématique qu'il peut sembler de prime abord, du moins en ce qui concerne la mémoire. Chaque état d'être possède ses propres règles, son propre mode de communication, souvent étrangers les uns aux autres. On a des raisons de penser que le langage est un moyen d'aligner notre conscience avec le rationnel, donnant ainsi à nos expériences et même à nos souvenirs un cadre, des formes, faciles à classifier et à communiquer.

Le philosophe français Étienne Bonnot de Condillac (1714–1780) a relaté les observations qu'il a faites d'un « enfant sauvage » découvert dans les forêts de Lituanie qui montre bien le pouvoir qu'a le langage de façonner l'esprit humain. Il dit qu'on a trouvé le garçon « marchant à quatre pattes dans la forêt. Élevé par des ours, il n'avait pas de langage ; et quand il en a acquis un, les souvenirs de sa vie avec les ours ont peu à peu disparu[18] ». Ceci semblerait confirmer que l'emploi du langage est une activité qui maintient notre conscience concentrée sur l'ego. Quand le garçon sauvage vivait parmi les ours, il était dans un état d'esprit fermement enraciné dans le ça primitif. Quand il a commencé à avoir des relations sociales avec d'autres êtres humains et à faire intervenir les facultés de son « mental supérieur », sa conscience même a commencé à changer, son point focal passant du ça à l'ego. Par la même occasion, il a commencé à oublier sa vie précédente. On peut penser aux souvenirs de cette époque comme ayant été écrits dans une autre langue, désormais inintelligibles pour la conscience basée sur l'ego, et donc écartés comme un simple rêve.

On peut ici avoir un aperçu du type de magie que nous devons utiliser ; il est essentiel que nous soyons prêts à puiser dans la quintessence du nom, et ensuite, par des actes d'intention magique, lui donner une forme identifiable. Nous jouons le rôle sacré de Celui qui nomme, et notre premier acte officiel est de nous donner un nom.

Comme tous les autres, c'est un rôle qui implique une certaine responsabilité. Nous devons déterminer très précisément la raison

18. *Ibid.*

pour laquelle nous choisissons un nouveau nom. À quoi va-t-il servir ? Qu'espérons-nous qu'il pourra changer en nous ? Quelles réactions espérons-nous le voir susciter chez les autres (le cas échéant) ? Est-ce une question de vanité ? Est-ce que nous nous en servons comme d'un outil spirituel pour nous élever encore plus haut ? Ou bien comme d'une béquille, pour nous laisser sombrer encore plus dans l'imaginaire et le déni, refusant de voir nos véritables responsabilités dans le monde ? Une pratique spirituelle régulière vise à nous maintenir centré et vigilant, et à nous mettre au défi quand c'est nécessaire pour que nous puissions apprendre à grandir et à prospérer. Avant tout, notre nom doit être un outil qui nous aidera à avancer dans ce voyage souvent difficile.

Nommer, c'est définir

Le pouvoir de nommer est aussi un outil puissant pour la santé et la guérison psychologique. En thérapie verbale, être capable d'identifier un trait comportemental problématique ou déséquilibrant peut présenter le bénéfice de libérer le client de certains effets négatifs autrement inconscients. Le simple fait de pouvoir nommer ce qui nous fait souffrir peut nous donner le pouvoir et le courage de surmonter nos difficultés, parce que soudain nous savons où diriger notre attention. La magie est projetée là où l'attention est dirigée. Même dans le monde ordinaire, le pouvoir mystérieux du langage devient de plus en plus évident si nous sommes disposés à écouter.

Notre pouvoir de nommer peut nous aider à développer en nous la capacité à venir à bout d'obstacles et de difficultés apparemment insurmontables. Lorsque nous disons aux autorités les vérités qu'elles refusent d'entendre, nous luttons contre une force collective qui, autrement, anéantirait notre indépendance et notre bien-être. Quelquefois, il suffit de donner à une chose le nom qui lui est approprié pour la voir vraiment telle qu'elle est pour la première fois, identifiée, définie et amenée à bas de son perchoir pour être enfin mise en juste perspective. Nommer est un outil puissant pour l'acte transgressif qui consiste à « devenir soi », à rejeter des entraves qui autrement nous enchaîneraient à une vie de servitude absurde et de consumérisme incontesté. Le pouvoir magique du langage peut nous libérer.

> *Nommer les choses, briser les tabous, refuser le déni : ce sont les choses les plus dangereuses, les plus terrifiantes et les plus essentielles que l'on puisse faire. Elles doivent se produire en dépit du climat politique ou des restrictions, en dépit de la réussite ou de la perte de la carrière, en dépit de la peur des critiques, du rejet ou de manque d'amour. Je crois que la liberté commence avec le fait de nommer les choses. C'est ce qui préserve l'humanité*[19].

L'acte de nommer peut nous rendre à un sentiment de pouvoir et de contrôle, surtout si nous avons connu le contraire. Pour moi, c'est ainsi que j'ai pu affirmer ma propre identité et cesser d'être l'extension de quelqu'un d'autre. Mais nommer va bien au-delà du choix de notre nom ou de notre identification. Nous pouvons donner un nom à tout schéma ou à toute énergie que nous rencontrons ; nous pouvons ainsi plus facilement explorer les territoires psychologiques où nous nous retrouvons, au lieu de simplement nous résigner à eux. Dans le cas de mauvaises habitudes psychologiques ou de comportements addictifs, on peut atteindre un degré impressionnant de liberté simplement en donnant un nom à ce qui nous fait souffrir. C'est une façon d'affronter nos craintes : faire face à ce qui nous pose problème, et accomplir l'acte d'autorité (et de magie) de lui donner un nom. Une fois nommés, nos démons sont bien plus avenants.

Ceci aussi est pertinent pour notre étude du nom magique, parce que cela démontre à la fois le pouvoir et la subtilité de l'autorité de la personne qui nomme, qui est investie en nous dès que nous adoptons ce rôle, avec la conscience du pouvoir qu'il nous confère. C'est une chose que de croire que les mots ont du pouvoir ; c'en est une autre de témoigner de ce pouvoir, et

19. Ensler (Eve), « The Power and Mystery of Naming Things », NPR, « All Things Considered », 20 mars 2006, https://www.npr.org/templates/story/story.php?storyId=5285531

une autre encore de participer activement à la construction d'un monde grâce au pouvoir du mot. Quand on sait que nos mots ont du pouvoir, notre capacité de manier ce pouvoir s'accroît. Si on a nommé ses démons, on a plus de chance de donner des noms de façon efficace. Quand nous avons démontré pour nous-mêmes le pouvoir transformateur du fait de nommer, nous pouvons nous servir de ce pouvoir sur nous-mêmes, et donner un nom approprié à notre identité magique.

Il y a de nombreux types différents de noms magiques, chacun servant un but spécifique, tout en partageant certains détails. À chaque fois que nous adoptons un nom, ou qu'on nous en donne un, nous modifions notre conscience, ne serait-ce qu'un tout petit peu. Chaque fois que nous sommes amenés à utiliser ce nom, nous renforçons son pouvoir ; et avec le temps, ces changements peuvent avoir une portée considérable. Ceci est vrai même des noms « ordinaires », et c'est tout particulièrement vrai d'un nom magique, qui est en général chargé d'une façon ou d'une autre, et continue de se charger à chaque utilisation.

Bien qu'ils aient tous une base commune, il y a plus d'un type de noms magiques. Certains les reçoivent dans une vision ou dans un rêve, tandis que d'autres doivent se lancer dans une exploration laborieuse sur les plans intérieurs. Certains reçoivent leur nom d'une autre personne, peut-être au cours d'une cérémonie ou d'une observance culturelle unique à leur *coven* ou à leur ordre. Nous pouvons avoir un nom différent pour chaque tradition ou pour chaque *coven* dont nous faisons partie. Nous pouvons avoir un nom public et un autre en privé. Certaines personnes ont un nom magique qui n'est connu que de leur *coven*, et un autre encore qui n'est connu que d'eux-mêmes et des dieux avec qui ils travaillent. On ne peut pas s'appuyer sur des règles universelles qui s'appliqueraient à tout le monde. Nous devons hélas retrousser nos manches et faire le travail nous-mêmes, avoir confiance en notre autorité divine pour prendre le contrôle de ce processus très personnel. Qui a dit que la voie sorcière était facile ? (Réponse : personne.)

Il se peut aussi que nous devions essayer un nom pendant un temps pour voir s'il nous va. Certes, il est préférable d'éviter de changer de nom par frivolité, mais il n'y a rien de mal à changer de nom si on se rend compte au bout d'un moment qu'il ne nous convient pas du tout. Certains noms sont le reflet d'une période de notre vie, et on peut les abandonner ou les enrichir quand cette période est terminée.

Parfois encore, un nom peut acquérir un sens plus profond au fil du temps. Certaines personnes changent de nom à de multiples reprises avant de s'arrêter sur un nom qui leur « va ». Nous sommes nombreux à avoir connu cela au cours de notre voyage vers notre nom. Mais d'autres prennent un nouveau nom spirituel presque aussi souvent qu'ils changent de chaussettes, ce qui peut avoir de sérieuses répercussions sur leur *persona* magique, en cela qu'elle ne peut jamais se constituer correctement, ce qui conduit souvent à une impression générale de distraction et d'absence d'ancrage. C'est le genre de gens que l'on rencontre lors de festivals païens, et dont on se demande à part soi comment ils ont réussi à faire leurs bagages et à se rendre sur les lieux de l'événement sans se perdre en route, et qui, n'ayant pas planifié leur retour chez eux, vous demandent le dernier jour s'ils peuvent profiter de votre voiture. Ils ressemblent un peu à ceux qui affirment volontiers que le nom qu'on leur donne, ou la manière dont on le prononce, « n'a pas d'importance ».

En fait, le nom dont vous vous servez dans certains cercles a bel et bien de l'importance, il devrait être bien défini, ainsi que sa prononciation. Si vous ne respectez pas votre nom, vous ne pouvez pas demander aux autres de le respecter. Décidez donc du nom que vous allez utiliser dans différents groupes, et essayez de vous y tenir. Dans certains cas, on peut même avoir de multiples noms.

Il vous appartient de décider dans quelle mesure le ou les noms que vous porterez seront publics ou secrets. Certains peuvent tout à fait être publics, surtout si vous avez aussi un nom plus secret que vous utilisez en privé. N'oubliez pas que de nombreux praticiens ont plusieurs noms, qu'ils utilisent dans différents environnements magiques et pour différents objectifs. Et beaucoup (sinon la plupart) de ces praticiens ont aussi un nom secret connu seulement d'eux-mêmes et peut-être des dieux avec qui ils travaillent. Comme Rê, nous gardons ce nom caché dans notre cœur, où nous pouvons le chérir, le nourrir et le protéger.

Le nom dont je me sers en public est intentionnellement magique, mais ce n'est pas le plus public des noms magiques auxquels je m'identifie. En tant qu'initié de diverses lignées sorcières, j'ai rituellement adopté un nom dans plusieurs des traditions dans lesquelles je suis entré, comme le veut la coutume, et chacun a pour moi une signification spéciale. Ils ont aussi du pouvoir. Chacun de ces noms est un sceau sur un contrat énergétique ; une interface par laquelle je me connecte plus profondément avec l'égrégore vivant de cette tradition spécifique. Il est personnel et unique.

C'est aussi un outil très utile pour la compartimentalisation. Utiliser un nom différent suivant l'environnement magique où l'on se trouve permet de changer d'état d'esprit pour entrer plus pleinement dans le contexte rituel spécifique du groupe.

Durgadas Allon Duriel, auteur de *The Little Work: Magic to Transform Your Everyday Life*, a plus d'un nom, aussi bien publics que privés : « Au fil des années, j'ai eu trois noms spirituels. L'un d'eux m'est venu au cours d'une vision il y a des années ; un autre m'a été donné ; et le troisième, je l'ai choisi par moi-même. À l'heure actuelle, le nom reçu en vision est privé. »

Adopter un nom, c'est invoquer en nous-mêmes son pouvoir et son influence. Peu après avoir commencé à utiliser « Storm » comme prénom public (et après que mes amis et collègues non magiciens ont cessé de le trouver bizarre), j'ai remarqué des changements subtils mais puissants dans ma personnalité. J'ai commencé à ressentir davantage de confiance en moi. On peut attribuer cela à plusieurs aspects de mon voyage vers le changement de nom. Tout d'abord, je ne m'étais jamais vraiment senti « propriétaire » de mon prénom, et là je déclarais enfin personnellement quelque chose sur moi-même. Ensuite, le nom « Storm » désigne une puissante force de la nature, et donc l'adopter comme surnom est un pas vers l'accroissement de mon propre sentiment de puissance. Enfin, l'acte de prendre un nom inhabituel a encore renforcé au plus profond de moi la certitude que j'étais engagé sur cette voie ; à chaque fois que je me présentais à quelqu'un, je redynamisais cet engagement à exister principalement entre les mondes.

Si les circonstances de ma vie exigent que je me serve d'un nom magique dans mon existence normale, quotidienne et publique, ce n'est pas le cas de tout le monde. Comme l'a dit Durgadas, le nom qu'il a reçu dans une vision est privé, et il le tient dans son cœur comme un souvenir intime qu'il chérit, et qu'il ne partage pas avec tout le monde. Beaucoup voudront être encore plus sélectifs, et dissimuleront peut-être complètement leur vie magique vis-à-vis d'autrui. Il ne s'agit d'ailleurs pas exclusivement de noms « magiques ». Il n'y a pas qu'une seule façon de vivre la sorcellerie.

Anaar, artiste et grand maître de la tradition américaine de sorcellerie Faery, parle franchement de son propre voyage vers son nom magique, et de la manière dont la magie qu'il contient est en fait venue à elle plus tard :

> *À l'origine, mon nom ne devait pas être relié à l'Art sorcier. C'est un nom de scène. Je voulais quelque chose qui signifie « grenade ». J'ai choisi la traduction de ce mot en urdu parce que j'aimais sa sonorité.*
> *Et puis, il s'est imposé dans l'Art. Je me suis dit que c'était très bien, parce que les grenades ont énormément de graines et qu'à cette époque-là je faisais ce que font la plupart des artistes, c'est-à-dire tout ce qui me permettait de gagner de l'argent. Je fabriquais des objets d'art, je vendais des costumes faits main, je dansais et j'enseignais à la fois la danse et l'Art sorcier. J'avais le sentiment que « beaucoup de graines » décrivait parfaitement ce que je faisais à cette époque-là.*

Mais qu'en est-il des groupes ou des traditions où le nom magique de l'individu n'est pas un choix personnel, mais lui est donné par quelqu'un d'autre ?

Il y a un élément commun dans l'acte de donner à quelqu'un un nom spirituel : ce nom est vu comme quelque chose à quoi le candidat doit aspirer, un point focal de sa discipline magique. Durgadas continue :

L'enseignant qui m'a donné le nom « Durgadas » nous a dit, en gros, que les noms étaient à la fois des affirmations et des aspirations : ils permettaient de reconnaître un aspect de nous-mêmes, mais aussi de relever un défi. Depuis l'enfance, je suis un fidèle de la Mère divine, et pour moi, le fait de recevoir de mon maître spirituel un nom qui signifie « Serviteur de la Mère divine sous son aspect courroucé » (ou « Serviteur de Durga ») a beaucoup de sens, car c'est une confirmation de la voie sur laquelle je m'étais senti appelé plus de vingt ans avant de recevoir ce nom. Mais en même temps, c'était un défi : Pourrai-je incarner ce nom ? Dans quelle mesure n'en serai-je pas capable ? Quelles difficultés aurai-je à le faire ? Il est devenu en soi une pratique spirituelle.

En plus de multiples noms, certains praticiens peuvent employer d'autres méthodes pour dissimuler ou occulter rituellement leur nom magique privé de leur *persona* publique. Mat Auryn explique que le nom de famille qu'il s'est choisi est un genre de raccourci de son nom magique privé et qu'à un niveau il existe comme instrument de protection magique, bien qu'il comporte aussi d'autres degrés de signification :

D'un autre côté, il fonctionne aussi comme un sceau pour mon occupation publique, et comme défense magique. Le nom Auryn est d'origine celtique, plus précisément galloise, et il signifie « doré » ou « or ». En latin, le mot pour or est aurum. *L'or est le symbole qui représente l'état ultime, le but de* magnum opus *de l'alchimiste, qui rappelle mon activité spirituelle. « Mat » rappelle mon côté non magique, il dit que je ne suis qu'un homme ordinaire, et que la spiritualité ne me rend supérieur ou inférieur à personne. En fait, mon prénom est Matt. « Mat » vient d'une plaisanterie (qui était en même temps une insulte) d'un ami au lycée ; c'est encore un rappel de rester humble, de maîtriser mon ego et de me souvenir de mes racines.*

La modération est un autre pouvoir inhérent au fait de nommer. Ce n'est pas parce qu'une chose est « habituelle » qu'elle est obligatoire, ou même que c'est nécessairement une bonne idée. Vous avez peut-être des raisons de ne pas souhaiter adopter un nom magique. Vous pouvez être en phase avec votre nom de naissance, et avoir avec lui une relation personnelle magique. Ou bien peut-être ne voulez-vous tout simplement pas vous en donner la peine. C'est normal. Mais si vous décidez d'adopter tout de même un nom magique, il y a certaines choses dont il faut tenir compte.

Laura Tempest Zakroff a un message pour les praticiens qui viennent de commencer, ou qui ne songent que maintenant à changer de nom ou à en adopter un nouveau :

> *Vous n'avez pas à prendre un nouveau nom si vous ne le voulez pas. Mais, tout au long de l'histoire, on voit que le fait de conférer ou d'adopter un nouveau nom marque le début d'une nouvelle phase de la vie, que ce soit en religion, dans le mariage, ou pour se construire une nouvelle identité. Je vous conseille de rechercher ce nom sur Internet avant de l'adopter, non seulement pour être sûr de bien comprendre ce qu'il signifie, mais aussi pour vérifier combien d'autres personnes peuvent s'en servir – en particulier des gens bien connus.*

Ce voyage est très personnel ; vous seul pouvez décider si vous devez changer une chose aussi intime que votre nom. Cet acte va affecter tous les aspects de votre vie ; il vaut donc mieux y réfléchir un peu au préalable.

À côté des noms proprement dits, nous pouvons aussi nous pencher sur la construction traditionnelle de titres et de devises magiques. Les uns et les autres sont utilisés de façon extensive en magie rituelle et en sorcellerie, et pour une bonne raison. Comme tous les outils magiques, ils nous donnent certains déclencheurs ou points d'entrée en ce que nous pourrions appeler un « continuum de pouvoir magique ». Comme notre nom de l'Art ou notre nom de plume, ces titres et devises nous aident à différencier l'identité ordinaire du praticien de celle de son soi magique. Ce type de nom ou de titre était tout particulièrement populaire dans des systèmes comme l'Hermetic Order of the Golden Dawn, l'Alpha et Oméga, et l'OTO ; parmi les exemples les plus célèbres, citons : *Perdurabo* (en latin, « je subsisterai ») pour Aleister Crowley ; *Deo, non fortuna* (en latin, « par Dieu, pas par hasard ») pour Dion Fortune ; et *Thelema Obtentum Procedero Amoris Nuptiae* (en mauvais latin, « l'établissement de Thelema par les rituels de l'amour ») pour Jack Parsons.

Dans les cercles sorciers, les titres sont plus courants que les devises magiques. Il peut s'agir de rôles particuliers dans un *coven*, ou de réalisations, de dignités ou de distinctions uniques à un groupe ou à une lignée. L'emploi de titre comme « dame » ou « seigneur » (en anglais, *Lady* et *Lord*) devant le nom de l'Art est toujours très populaire, ce qui nous donne une armée de dame Morgane et de seigneur Gwydion à tous les rassemblements païens. Cette tendance vient probablement de la perception de la sorcellerie comme un phénomène presque exclusivement eurocentrique (ce qu'elle n'est pas), qui « emprunte » donc ces titres conventionnels à un héritage senti comme anglais.

Il y a d'autres titres tout aussi courants : « grande prêtresse », « grand prêtre », « invocateur » et « scribe », pour n'en citer que quelques-uns que l'on trouve communément en Wicca et dans quelques autres formes de sorcellerie contemporaine. Même le mot anglais *witch* (« sorcier ») peut être vu comme un titre magique. Il suscite des images, des sentiments, et toute une histoire. Ajoutez-y des termes comme, en anglais, *warlock*, *wizard*, *sorceress*, *reverend*, *bard*, etc. (ou en français « enchanteur », « mage », « sorcière », « révérend », « barde », etc.), et on voit bien toutes les nuances et tout le pouvoir des noms que nous utilisons pour nous décrire.

Un autre type de nom dont il faut parler dans tout volume sur ce sujet est le nécronyme. Ce terme de grec ancien fait tout particulièrement référence aux noms de ceux qui sont morts. Chaque culture a une manière très spécifique de considérer les noms des morts : dans certaines, on les donne à quelqu'un de vivant pour conserver leur souvenir ; dans d'autres, on ne les prononce plus jamais à voix haute. Les bouddhistes japonais adoptent souvent le nécronyme d'un prêtre pour un membre de leur famille qui vient de décéder. Ils ne désignent ensuite le défunt que par ce nécronyme, en signe de respect.

Le *deadname* (« nom mort ») est une évolution contemporaine du nécronyme : c'est le nom de naissance ou le nom précédent d'une personne bien vivante qui a changé de nom. Ce terme a été popularisé par les communautés trans, non binaires et queer. L'acte de *deadnaming* (« donner un nom mort ») signifie révéler le *deadname* d'une personne sans son consentement. On appelle ce nom un *deadname* parce que l'on considère qu'il est mort (tout comme, par extension, la personne qui le portait). L'adoption d'un nouveau nom marque la naissance d'une nouvelle personne, un nouveau départ. Il est profondément irrespectueux de se servir du *deadname* de quelqu'un, un point c'est tout.

Gwion Raven, auteur de *The Magick of Food: Rituals, Offerings & Why We Eat Together*, nous parle de son expérience personnelle avec ce phénomène, qu'il appelle *That Other Name* (« Cet Autre Nom »). Il explique comment l'adoption d'un nouveau nom qu'il avait lui-même choisi lui a permis de sortir enfin des souffrances émotionnelles qui avaient marqué son enfance :

> *Il y a quarante ans, je me suis réveillé au milieu de la nuit. Quelqu'un a dit Cet Autre Nom, celui qui est sur le certificat de naissance ; puis a abusé de moi sexuellement. Cela a continué pendant plusieurs années. Cette personne disait toujours Cet Autre Nom en me réveillant.*
> *Quand, à l'âge de quinze ans, je me suis retrouvé – chose inconcevable ! – tout seul avec mon tourmenteur, il a dit : « Quoi que tu fasses dans la vie, même si tu deviens très célèbre tu seras toujours mon petit Cet Autre Nom. » C'est alors que j'ai su que Cet Autre Nom, ma célébrité et les abus que j'avais subis seraient toujours inextricablement liés ensemble. Qu'à tout moment, si mon tourmenteur prononçait Cet Autre Nom, mes réalisations, mon travail, tout ce que j'étais devenu, tout ce que j'avais construit, tout ce que j'avais fait tant d'efforts pour créer, seraient rabaissés, anéantis, et lui appartiendraient. Que je*

serais toujours son petit Cet Autre Nom. Que tant que Cet Autre Nom existerait, je serais sa propriété.
Et donc, je suis devenu Gwion. Le petit garçon qui a dû fuir devant un pouvoir bien plus grand que lui. Un petit garçon qui, par une convergence improbable d'événements, s'est retrouvé avec le courage extraordinaire de se réinventer quand les circonstances exigeaient qu'il devienne quelque chose d'autre. Quand les forces du monde entier conspiraient pour le déchirer en deux, pour mordre dans sa chair, et même pour l'avaler tout entier, Gwion a su changer. Et moi aussi[20].

Rites de changement de nom

Il y a un précédent à la pratique d'adopter un nouveau nom pour nos travaux magiques : les religions et les systèmes spirituels qui offrent à un individu la possibilité de changer de nom dans certaines circonstances extrêmes. Par exemple, le rite juif de *meshanneh shem*, dans lequel une personne atteinte d'une maladie mortelle fait changer son nom par un rabbin pour essayer de tromper l'ange de la mort, dont on croit qu'il trouve sa cible par son nom[21]. Nous voyons une fois de plus le nom utilisé comme un point de repère, et l'emploi de la magie et du langage comme contre-mesure.

Dans certaines traditions de l'Art, le membre doit adopter un nouveau nom à chaque niveau. On peut aussi souhaiter se renommer pour marquer une occasion spéciale. Une initiation, une consécration, l'élévation à une dignité, ou autres choses semblables ; ou même pour marquer les changements liés à un événement majeur de l'existence, comme la concrétisation d'un objectif important ou une expérience de mort

20. Raven (Gwion), « The Power Of Choosing My Name », *The Witches Next Door*, Patheos, 3 septembre 2016, https://www.patheos.com/blogs/thewitchesnextdoor/2016/09/the-power-of-choosing-my-name/ (utilisé avec permission).

21. Himes (Mavis), *The Power of Names: Uncovering the Mystery of What We Are Called*, Lanham (MD), Rowman & Littlefield, 2016, p. 19.

imminente. Tant que la raison de ce changement de nom a du sens pour vous (et que vous ne cédez pas simplement à un caprice, ou à une passade spirituelle), alors vous pouvez être sûr que le changement que vous sentez devoir faire vous aidera à développer en vous-même force, honneur et intégrité.

Voilà les choses dont il faut tenir compte quand on commence à construire son identité magique.

Chapitre trois : L'identité magique

« Tout le monde se raconte une histoire dans sa tête à son propre sujet. Tout le temps. En permanence. Cette histoire fait de vous ce que vous êtes. Chacun se construit d'après cette histoire. »

Patrick Rothfuss,

Le Nom du vent

Jusqu'ici, notre quête n'a visé que la recherche du nom magique ; mais notre voyage nous conduit maintenant dans un endroit bien trop profond pour être enfermé dans de simples mots, même très puissants. Le nom magique n'est qu'un symbole, une idée qui se manifeste par le son et la vibration. Il est la forme extérieure que prend une expérience intérieure sans forme, et en définitive indescriptible. Le nom magique est un portail menant au centre secret de notre être, là où la vraie magie réside ; et c'est là l'objet véritable de notre quête.

J'ai dit que ce n'était qu'un symbole, mais ne vous y trompez pas : prendre un nouveau nom n'est pas une mince affaire. Qu'on y voie ou non un acte magique, c'est un sort que l'on se jette à soi-même dans le but exprès de provoquer dans la personnalité des changements en profondeur. Ce sort est réaffirmé à chaque fois que nous nous servons de ce nom.

Il y a plusieurs raisons pour lesquelles un individu peut vouloir adopter un nouveau nom, ou même en changer complètement. Toutes, d'une façon ou d'une autre, ont un trait commun sous-jacent : il s'agit de marquer le début d'une « nouvelle vie », que ce soit par une initiation ou par l'entrée officielle dans un ordre religieux ou spirituel, la conséquence d'un événement majeur de la vie (mariage, déménagement, premier enfant, divorce, etc.), ou pour dissimuler son identité publique.

Dion Fortune, une occultiste célèbre, a défini la magie comme « l'art de modifier la conscience à volonté ». Nous avons eu plus de soixante-dix ans pour sonder la sagesse de cet adage particulier, mais il est toujours bien valide. Même les actes magiques qui n'exigent pas une forte implication du mental (par exemple, de simples observances comme mettre au fond de sa chaussure une pièce de monnaie trouvée par terre, ou siffler en passant près d'un cimetière) exigent néanmoins dans une certaine mesure une activité mentale et émotionnelle. Ils exigent que nous fassions entrer notre conscience dans le monde poétique ; dans un état nébuleux où les mots et les symboles fonctionnent comme des portails ouvrant sur l'inconscient collectif, nous donnant accès à un réservoir de pouvoir que nous pouvons puiser et diriger par des actes ritualisés effectués avec intention et avec dévouement envers la magie.

On peut dire que l'état d'esprit de l'individu est un élément essentiel du travail psychique et magique, et, dans mon expérience, la principale qualité dont a besoin un magicien pour être efficace est la confiance en soi. Si nous voulons être capable de nous servir de notre magie pour provoquer des changements, alors nous devons apprendre à nous fier à nos compétences, et à éviter de douter de nous-mêmes, ce qui peut aisément saboter nos opérations. Lorsque nous serons capables de donner à nos pensées et nos sentiments l'allure de certitudes absolues, nous aurons fait un pas immense vers nos objectifs magiques, quels qu'ils soient. Certes, la confiance en soi n'est pas le seul facteur à entrer en jeu, mais c'est un état d'esprit qui peut nous emmener très loin. Comparez-le à la notion de « foi », si souvent mise en avant dans les religions abrahamiques[22]. Pour les chrétiens évangélistes, ceci se traduit souvent par une foi aveugle, avec un état d'esprit sectaire ; mais de façon plus saine, on peut mettre sa foi en son propre esprit, ou en sa propre nature divine, ce que de nombreuses spiritualités alternatives appellent le « soi supérieur ». Si nous pouvions donner un nom à cette nature, notre conscience en serait modifiée de façon à nous permettre de communiquer avec elle sur un mode plus personnel.

Cora Anderson, cofondatrice de la tradition Faery américaine, parlait du soi supérieur comme d'un esprit personnel, c'est-à-dire un esprit qui fait naturellement partie de l'individu, de son collectif spirituel, que l'on dit être de nature tripartite. Elle lui a attribué la lettre grecque gamma (γ), et elle affirmait que cet esprit était identique à ce que les chrétiens appellent « Dieu » : « Ce qu'on appelle l'être de lumière, l'esprit de l'âme,

22. NdT : Les trois religions qui se donnent Abraham comme ancêtre : le judaïsme, le christianisme et l'islam.

est le vrai Christ dans l'enseignement du Dieu rédempteur appelé Jésus par les chrétiens[23]. »

Il ne faut pas concevoir ici un scénario à deux possibilités seulement ; ce n'est pas parce que nous approchons « Dieu » en des termes personnels que l'idée d'un Dieu transcendant ou omniprésent est invalidée. La divinité est quantique, pas binaire. En voici une autre illustration :

> *On peut dire avec certitude que le troisième et le plus élevé de nos trois esprits est Dieu, sans nier la divinité davantage que nous nions le soleil dont la lumière nous donne vie. Ces rayons de lumière qui tombent sur nous, qui brillent sur la plage où nous jouons, sont eux aussi le soleil. Quelqu'un peut-il le nier*[24] *?*

Si certaines religions affirment que Dieu ne peut pas être approché par des adorateurs humains, l'idée que les forces divines sont accessibles aux individus n'est assurément pas propre au christianisme ou à la sorcellerie Faery. Dans l'hindouisme et le jaïnisme aussi, on souscrit à l'idée d'un Dieu personnel. Le vaudou semble couper la poire en deux, en postulant un Dieu inapprochable en plus d'une pléthore d'esprits divins (les *lwas*) avec lesquels le praticien peut interagir. L'un des plus importants est le *met tet*, le « maître de la tête » qui, dit-on, est assis sur la tête de la personne et la guide et la protège dans sa vie.

Selon moi, l'existence d'une relation personnelle avec le divin fait partie intégrante de la magie spirituelle, car elle nous permet d'aller au-delà de notre simple personnalité, de notre ego, et d'entrer dans le monde transpersonnel du numineux. Au premier abord, cette affirmation peut sembler renfermer une contradiction ; mais c'est bien souvent dans le paradoxe qu'on trouve la magie : en abordant la présence vivante de l'univers comme un être personnel (Dieu), nous nous accordons un espace dans lequel nous pouvons mieux nous aligner spirituellement avec cet être. Ainsi, nous nous ouvrons à bien davantage que notre être limité.

---

23. Anderson (Cora), *Fifty Years in the Feri Tradition*, Portland (OR), Harpy Books, 2010, 1re éd. Portland (OR), Acorn Guild Press, 2005, p. 33.

24. *Ibid.*

Apprendre à se connaître : les trois parties de l'âme

La plupart des systèmes magiques reconnaissent l'existence d'une multiplicité de forces dans l'être humain. Collectivement, elles forment ce que nous appelons « nous-mêmes », mais individuellement chacune possède la conscience, l'intelligence et le pouvoir d'action.

Quand on s'embarque pour un voyage afin de découvrir la nature du divin, on doit tout d'abord étudier sa propre nature. Nous ne sommes pas distincts de Dieu. Nous sommes des extensions de Dieu projetées dans la sphère matérielle. Nous n'avons pas à porter le regard plus loin que notre monde intérieur pour trouver la source de toutes choses. De nombreuses traditions religieuses et spirituelles ont défini des modèles permettant de le faire. La tradition Faery, comme d'autres traditions de sorcellerie, décrit la nature spirituelle de l'être humain comme composée de trois parties, âmes, ou esprits. L'esprit gamma (γ) mentionné ci-dessus s'associe à l'esprit alpha (α) et à l'esprit bêta (β), chacun ayant ses propres motivations et ses propres domaines d'influence. L'esprit α (parfois appelé « le double ») est notre nature primitive, préverbale ; c'est la sagesse du corps, le pouvoir du sang et du plaisir. Il parle en symboles et en émotions, en réactions instinctives. Il tire sa force du monde qui nous entoure, et il nous en nourrit. L'esprit β (parfois appelé « le bavard ») est ce que nous appelons normalement « nous-mêmes ». À un niveau, c'est notre personnalité, notre ego, mais c'est aussi davantage. En tant que champ d'énergie spirituelle, c'est ce qui est normalement perçu comme l'aura qui entoure le corps physique et qui apparaît aux personnes sensibles sur le plan psychique comme un cocon lumineux ou une nuée brumeuse. C'est la partie de notre conscience qui tire des informations du monde et les assemble pour produire notre perception.

Par souci de simplicité, imaginons les esprits α et β comme le subconscient et le conscient, respectivement ; deux faces de la même pièce, deux moitiés qui constituent un tout. Souvent, ces deux aspects de nous-mêmes sont en conflit : quand l'esprit β veut poursuivre un objectif donné, il arrive que l'esprit α ait des réserves, voire manifeste une franche hostilité. Ceci peut avoir de nombreuses causes différentes, et l'intérêt de l'introspection spirituelle est de nous aider à déterminer où nous pouvons avoir des complexes et des blocages. Si nous devons progresser sur la voie magique, il est essentiel que nous amenions les esprits α et β à travailler ensemble, car ce n'est que par leur association que nous pouvons véritablement parvenir à communier avec l'esprit γ, qui est la source la plus importante de notre pouvoir magique.

Vous trouverez ci-dessous quelques exercices simples pour entrer en contact avec ces aspects spécifiques de votre nature spirituelle. Même si vous avez passé des années à suivre une formation concernant ces composantes de l'âme humaine, abordez ce travail avec l'œil neuf d'un novice, avide de nouvelles expériences qui vont enrichir ses connaissances.

Exercice : Éveiller l'esprit α

Cet esprit peut apparaître à nos sens psychiques sous la forme d'un animal. Parfois appelé « animal totem » ou « double animal », c'est notre nature primitive projetée dans le monde extérieur. Cet exercice va nous permettre d'entrer en contact plus étroit avec notre nature animale.

Matériel nécessaire :

- Une bougie rouge
- Deux cailloux quelconques
- Allumettes ou briquet
- Votre journal et un stylo

Commencez par pratiquer un exercice d'ancrage et de centrage de votre choix. Quand vous êtes bien détendu et centré, frappez l'un contre l'autre les deux cailloux à neuf reprises, par séries de trois chocs. C'est un moyen traditionnel d'attirer l'attention de l'esprit. Dans le silence qui s'ensuit, laissez votre conscience s'enfoncer profondément dans votre corps, dans un espace situé environ deux doigts sous le nombril. Imaginez vos intestins et vos organes internes remplissant les fonctions nécessaires à votre existence à l'arrière-plan de votre conscience. C'est le dur labeur de l'esprit « en coulisses », pour ainsi dire, s'assurant que tout est en bon ordre de marche pour vous maintenir en vie. Imaginez le sang dans vos veines, votre cœur qui pompe dans votre poitrine. Prenez conscience de vos os et de votre chair, des instincts et des désirs qui vous animent, comme tout autre animal. Allumez la bougie rouge, de la couleur du sang, et dites à voix haute :

Par les os et les nerfs, par la chair et le sang !
Par la terre et par l'eau, par le feu et le vent !
Ô forces primordiales exprimées en moi,
Par ma voix jaillissez en un grand cri de joie !

Mettez-vous à hurler, ou à grogner, ou à aboyer : produisez des vocalisations animales pour ramener votre conscience à votre nature animale primitive. Au début, vous allez peut-être vous sentir un peu bête (je veux dire, c'est un peu idiot pour un adulte de produire des bruits d'animal dans son salon) ; mais cette pratique est efficace. Continuez pendant plusieurs minutes ; accordez-vous le temps de vraiment vous prendre au jeu. Remarquez si vous avez un type de bruit d'animal préféré. Est-ce que les bruits que vous faites rappellent un ours ? Un loup ? Un cheval ? Une baleine ? Un faucon ? Imaginez-vous dans le corps de cet animal. Est-ce que vous sentez des cheveux, ou de la fourrure ? Des écailles ? Des plumes ? Imaginez la musculature de l'animal, et faites comme si c'était la vôtre. Est-ce que vous sentez les muscles qui font bouger vos ailes ? Vos ailerons ? Votre queue ? Continuez ainsi pendant quelques minutes, puis ramenez votre conscience dans votre corps. Contemplez la flamme de la bougie et repassez-vous mentalement votre expérience. Tant qu'elle est encore fraîche dans votre esprit, notez-la dans votre journal. Éteignez la bougie. C'est terminé.

N'oubliez pas que cet esprit change souvent de forme ; vous devrez sans doute pratiquer cet exercice plusieurs fois pour acquérir une bonne idée de la manifestation actuelle de votre esprit primitif.

Exercice : Éveiller l'esprit β

On ne prête pas toujours attention au pouvoir magique de cet esprit, parce qu'on considère qu'il s'agit de notre conscience « normale ». C'est juste moi… vous… nous. Et il se peut qu'au cours de la plus grande partie de notre vie nous n'ayons absolument rien ressenti de magique à notre propos ; nous aurons donc bien du mal à voir à quel point cet esprit est, en fait, spécial. C'est peut-être le plus parfait exemple de l'arbre qui cache la forêt : car cet esprit joue un rôle essentiel aussi bien dans notre vie que dans notre travail magique. Il agit comme un nexus, un point focal, qui réunit de nombreuses idées, énergies et perspectives disparates à partir desquelles nous sommes capables d'effectuer des observations avisées sur notre environnement et sur les situations dans lesquelles nous nous trouvons. C'est le directeur intérieur ; notre volonté concentrée qui nous conduit à la réussite même face à des obstacles ou à l'adversité.

Matériel nécessaire :

- Une bougie jaune d'or
- Allumettes ou briquet
- Votre journal et un stylo

Ancrez-vous et centrez-vous. Sur une page de votre journal, définissez deux colonnes : plus (+) et moins (-). Allumez la bougie en disant :

Lumière d'or de pur esprit,
Jaillissant au cœur de la nuit,
Viens, révèle en moi l'étincelle
De mon origine éternelle.

Imaginez la lumière de la bougie entrer en vous par vos yeux et pénétrer jusqu'à votre cerveau. Imaginez qu'elle s'épanouit dans votre esprit, comme une rose perpétuelle de feu doré. Demeurez en un état de contemplation calme mais vigilant. Remarquez les sensations que vous pouvez avoir. Maintenant, commencez à faire dans votre journal une liste de qualités personnelles, que vous placerez dans les catégories + ou -. Ne vous attardez pas trop sur vos choix ; le but est de pratiquer cet exercice de façon aussi détachée que possible. Il ne s'agit pas de susciter en vous tel ou tel ressenti, mais simplement d'attirer vos qualités personnelles dans votre conscience immédiate. Quelle que soit la catégorie dans laquelle vous placez une qualité, sachez qu'elle est, elle aussi, une manifestation de l'esprit divin. Même si certaines sont des qualités de colère, de jalousie ou même de haine, ces émotions sont divinement humaines et, en soi, ne sont ni bonnes ni mauvaises. Après avoir pratiqué cette activité pendant quelques minutes, vous pouvez éteindre la bougie avec révérence et revenir à votre conscience normale.

Comme pour tous les exercices, la répétition est la véritable clé du succès. À chaque séance, remarquez les qualités qui peuvent apparaître et comment certaines d'entre elles peuvent même passer d'une catégorie à l'autre, en fonction de votre humeur et de votre environnement actuel. Essayez de ne pas juger vos résultats. Contentez-vous d'observer et d'enregistrer.

Exercice :
Éveiller l'esprit γ

Dans certains cercles sorciers, l'image d'une boule de lumière bleue positionnée au-dessus de la tête d'un individu est une clé visuelle fréquemment utilisée pour marquer la connexion avec l'esprit. Cette image rayonnante exprime la partie de nous-mêmes que nous comprenons le plus facilement comme étant divine, bien qu'en réalité le caractère divin soit partagé également entre toutes les parties de notre être. C'est la « lumière du soleil tombant sur notre tête » mentionnée par Cora dans la citation ci-dessus, et, bien qu'il s'agisse très certainement d'une partie de l'âme de l'individu, c'est aussi la source divine elle-même. Dieu et l'homme unis.

C'est le Dieu qui précède tous les autres ; ce n'est pas un autocrate lointain qui veut nous juger pour avoir été humain, ni même une divinité païenne, un ange ou un saint qui pourrait vouloir nous rendre service. Nous devons apprendre à vraiment nous aligner avec notre Dieu personnel, l'esprit, et, une fois ainsi alignés, nous pouvons plus sûrement entrer dans un état où le pouvoir magique peut se manifester.

Matériel nécessaire :

- Une bougie bleue
- Allumettes ou briquet
- Une coupe ou un verre rempli d'eau
- Une pincée de sel
- Votre journal et un stylo

Ancrez-vous et centrez-vous.

Imaginez une étincelle de lumière bleu électrique rayonnante flotter 25 à 30 centimètres au-dessus de votre tête. Imaginez-la suspendue à cet endroit, vive et flamboyante. Après quelques instants de calme contemplation, commencez à imaginer que votre aura est comme un nuage de gaz invisible, planant autour de votre corps et s'étendant vers l'extérieur jusqu'à 15 à 20 centimètres.

Récitez l'incantation ci-dessous, en imaginant que la sonorité de vos paroles attire l'étincelle encore plus près de votre tête :

Lumière, lumière si belle,
Attire à moi cette étincelle
Plus précieuse que tout trésor ;
Qu'elle vienne à moi par ce sort.

Allumez la bougie et imaginez que cette action coïncide avec l'entrée de l'étincelle bleue dans votre champ aurique, ce nuage invisible qu'elle transmute en un feu argenté. Baignez-vous un moment dans les sensations que ceci suscite en vous, puis prenez en main le verre d'eau. Mettez-y une pincée de sel, puis posez les mains, paume vers le bas, au-dessus de la surface de l'eau. Commencez à diriger ce feu argenté dans l'eau, en imaginant qu'elle s'en imprègne comme d'un feu liquide. Vous pouvez, si vous le souhaitez, chantonner ou fredonner, ou maintenir une concentration silencieuse. Quand vous êtes prêt, buvez l'eau pour absorber en vous-même la bénédiction du feu argenté.

Prenez maintenant le temps de noter vos expériences dans votre journal. Veillez à détailler toutes les sensations que vous éprouvez, tant physiques qu'émotionnelles.

Au cours d'autres sessions, vous pourrez avoir envie de vous servir de ce moment pour poser à votre esprit γ des questions spécifiques, comme :

Qui suis-je ?
Quelle est ma plus grande peur ?
Quelle est ma plus grande force ?
Quel est mon but ?
Comment puis-je surmonter les obstacles auxquels je suis confronté en ce moment ?

Pour répondre à ces questions, laissez-vous simplement aller à écrire. Ne réfléchissez pas à ce que vous écrivez : même si, au début vous ne tracez que des griffonnages, laissez le stylo courir sur le papier tout en maintenant la sensation psychique de votre aura illuminée d'un feu argenté. Continuez pendant plusieurs minutes avant d'éteindre la bougie et de revenir à votre conscience normale.

C'est une forme de ce qu'on a appelé l'« écriture automatique », et c'est un outil très utile pour vous aider à court-circuiter partiellement le filtre de la conscience (c'est-à-dire, l'esprit β) et plonger plus profondément en vous-même. Quand vous avez terminé, lisez ce que vous avez écrit, et repérez les éventuels motifs récurrents. Quelquefois, on n'obtient que quelques mots répétés au milieu d'une masse d'absurdités apparentes, et il peut falloir longtemps avant de voir apparaître ce qui peut ressembler à une phrase cohérente. Avec de la pratique, vous finirez peut-être par être capable de produire des phrases complètes, des paragraphes entiers, ou même davantage.

❖❖❖

Après avoir effectué les exercices ci-dessus avec toute l'attention qu'ils méritent, vous commencerez à comprendre comment ces différents esprits (ou aspects de votre âme) interagissent et comment ils contribuent à façonner vos actions et votre vision du monde. Ces exercices vous donneront également un aperçu de ce dont vous aurez besoin pour choisir une identité magique appropriée (et efficace) ; lorsque nous sommes conscients de nos forces et de nos faiblesses, nous sommes mieux à même de nous frayer un chemin dans nos paysages intérieurs, en nous appuyant sur nos forces et nos talents, et en écartant les éléments qui nous font perdre notre pouvoir.

Armés de la connaissance de nos limitations, nous pouvons commencer un travail plus spécifique de renforcement des zones les plus fragiles, afin de pouvoir contacter en toute sécurité les esprits et les puissances inhérents à nos pratiques magiques. C'est ainsi que commence le travail d'élaboration de notre identité magique.

Le succès d'un sorcier, d'un enchanteur ou d'un magicien vient en partie de la création d'un sentiment de pouvoir personnel, qu'il adopte comme faisant partie de son identité. Quand on effectue un acte magique, ce qui est mis en œuvre, c'est la confiance en soi, l'autorité et une volonté renforcée. Nous faisons intervenir un aspect de notre être intérieur et nous le projetons vers l'extérieur (du moins de façon temporaire) pour qu'il guide nos pensées et nos actions en accord avec les principes définis lors de sa création. Avec le temps, nous devenons cela même que nous avons créé. C'est un processus qui commence franchement dans l'imagination.

À ce stade, certains diront que l'identité magique (et en fait, la magie elle-même) n'est rien d'autre qu'un fantasme, une illusion sans substance et sans objet, qui nous distrait du « monde réel » des responsabilités et des faits. Cette façon de penser ne perçoit pas la pertinence de la magie comme outil de transformation intérieure, et malheureusement elle est piégée dans un monde qui dénigre l'imagination, et par là même rejette ce qui pourrait lui offrir une véritable libération.

Pour Alan Moore, célèbre auteur de romans graphiques et magicien pratiquant, l'imagination et la magie sont indispensables. Et on les trouve partout :

> *C'est étrange : on a l'impression de vivre dans un monde où presque toute notre culture est très fortement imprégnée de magie, mais où il faut pour ainsi dire maintenir l'illusion que la magie n'existe pas, et qu'il faut être fou pour s'y adonner. C'est quelque chose pour les enfants, les Californiens ou les autres fous du New Age. C'est le monde dans lequel nous semblons vivre, et pourtant, dès que l'on gratte un peu la surface à certains endroits, on s'aperçoit que la magie est partout*[25].

Même Albert Einstein, que l'on peut dire être la personne la plus intelligente de tous les temps, disait ceci de l'emploi de l'imagination :

> *L'imagination est plus importante que la connaissance. La connaissance est limitée alors que l'imagination englobe le monde entier, stimule le progrès, suscite l'évolution. Elle est, à proprement parler, un véritable facteur de la recherche scientifique*[26].

Dans les cercles occultes, on insiste depuis longtemps sur l'emploi concentré de l'imagination, depuis le simple usage d'images en méditation jusqu'à des opérations complexes impliquant des formes-pensées et des égrégores. En 1892, William Q. Judge, mystique américano-irlandais et l'un des fondateurs de la Société théosophique, a écrit ceci de l'importance de l'imagination dans l'introduction à son article « Imagination and Occult Phenomena » :

---

25. Moore (Alan), « Magic is Afoot: A Conversation with Alan Moore about the Arts and the Occult », interview par Jay Babcock, *Arthur Magazine*, n° 4, mai 2003, https://arthurmag.com/2007/05/10/1815/

26. Einstein (Albert), interview par George Sylvester Viereck, 1929, https://quote-investigator.com/2013/01/01/einstein-imagination/#return-note-5113-2

> *La faculté d'imagination a été réduite à un niveau très bas par les théoriciens occidentaux modernes de la philosophie mentale. Elle n'est « que la création d'images, la rêverie, la fantaisie et autres choses semblables » : c'est ainsi que l'on parle de l'une des plus nobles facultés de l'homme. Dans l'occultisme, on sait qu'il est de la plus haute importance de contrôler l'imagination de façon à pouvoir se représenter une image de n'importe quoi à n'importe quel moment, et si l'on n'a pas exercé cette faculté, la possession d'autres sortes de connaissances ne permettra pas d'accomplir certaines catégories de phénomènes occultes*[27]*…*

Ayant fermement établi l'importance de l'imagination comme base du travail occulte et magique, nous devons maintenant nous efforcer de la développer pour en faire un outil bien entraîné qui, combiné à d'autres facultés de l'esprit et du mental, produira les résultats que nous recherchons.

Si notre voyage commence dans l'imagination, il ne s'arrête pas là. Bien que toutes les images ou les fantaisies qui surgissent des profondeurs de notre imagination n'aient pas le pouvoir ou le dynamisme nécessaires pour affecter le monde, lorsqu'elles sont associées à la volonté par le biais d'un rituel nous disposons d'un moyen efficace pour concentrer notre essence créatrice en vue de la création d'une force magique.

L'identité magique est composée de différents aspects de notre propre personnalité qui sont endormis en temps normal, mais qui, grâce au rituel, ont la possibilité de se projeter vers l'extérieur. Bien qu'il s'agisse de notre propre création, il ne faut pas croire que ce ne soit qu'une fiction ou une illusion. L'identité est un outil qui naît de l'exploration des profondeurs de notre âme et du labeur pénible effectué dans le but d'apprendre à nous connaître. C'est une projection de notre volonté magique, cette partie de notre caractère affinée dans le but de provoquer des changements dans

---

27. Judge (William Q.), « Imagination and Occult Phenomena », *The Path*, 1892, rééd. *Theosophical Society*, https://www.theosociety.org/pasadena/path/v07n09p289_imagination-and-occult-phenomena.htm

notre monde. Ce qui commence dans notre imagination, comme toute magie, est transformé, par le rituel, par le changement de notre conscience et par la focalisation de la volonté, en action magique.

L'identité magique est un aspect du soi que nous créons ou que nous alimentons consciemment afin de maximiser nos propres talents et nos propres forces. Elle peut également nous aider à éviter les pièges où nous pourrions risquer de tomber. Elle peut nous guider et nous protéger alors que nous continuons sur nos chemins sorciers individuels. En un sens, le soi magique est comme une amulette de grand pouvoir. C'est un vêtement que nous pouvons endosser pour bénéficier de son pouvoir lorsque nous en avons besoin, un peu comme une robe de cérémonie ou un bijou spécial que nous pourrions porter uniquement lorsque nous nous engageons dans un travail magique. C'est une partie de nous-mêmes que nous sortons de la boîte, pour ainsi dire, lorsque nous en avons besoin, de la même manière que d'autres aspects de notre personnalité peuvent être mis en avant dans des situations différentes, par exemple pour gérer des projets au travail ou à la maison, ou en vacances. Toutes ces versions de nous-mêmes sont inauthentiques, mais aucune ne constitue à elle seule la totalité de ce que nous sommes. L'identité magique, comme toutes nos autres identités, est une partie de notre « vrai moi », chacune exprimant un aspect unique de notre nature profonde. La seule différence est que nous avons nous-mêmes créé et façonné notre identité magique, ce qui est à coup sûr une expérience libératrice et transformatrice.

Entrée de journal : Les qualités du soi magique

Matériel nécessaire :

- Une bougie de n'importe quelle couleur
- Votre journal et un stylo

Pour cet exercice, vous allez faire des séances distinctes au cours desquelles vous pratiquerez l'écriture automatique pendant cinq minutes complètes. Vous pouvez effectuer ces séances en des jours différents au cours d'une même semaine. Il peut également être utile de programmer un minuteur sur votre téléphone afin de pouvoir écrire sans être interrompu pendant toute la durée de l'exercice en ayant besoin de consulter une horloge.

Ancrez-vous et centrez-vous. Alignez vos esprits α, β et γ[28], ou pratiquez les exercices de centrage qui vous sont familiers.

Allumez la bougie. Prenez votre journal et votre stylo, mettez en marche votre minuteur et déterminez le point focal de cette session en écrivant ce qui suit :

« Je me suis senti puissant quand… »

Écrivez simplement la première chose qui vous passe par la tête, même si techniquement elle n'est pas vraie. Vous ne cherchez pas l'exactitude, mais à vérifier si vous êtes capable de faire entrer votre conscience dans un état créatif. Complétez cette phrase avec ce qui vous vient. Puis continuez d'écrire. Développez. Pendant les cinq minutes qui suivent, écrivez sur ce qui vous donne un sentiment de puissance. Des événements de votre enfance ? Des jeux auxquels vous avez gagné ? Des scènes de films ? Des difficultés que vous avez surmontées il y a longtemps, ou même la semaine dernière ? Quelles sensations vous donne le sentiment de puissance ? Le ressentez-vous dans votre corps ? Comment ? Où ? Lorsque vous vous sentez puissant, vous rappelez-vous des incidents de votre vie qui renforcent cette impression ? Essayez d'éviter de vous attarder sur les choses qui vous donnent un sentiment d'impuissance… Le but est de demeurer dans un état de sensation de puissance aussi longtemps que possible, de préférence pendant la totalité de ces cinq minutes, tout en examinant ce que cela signifie pour vous personnellement.

Si vous ne trouvez réellement aucun exemple dans votre vie où vous vous êtes senti puissant, vous allez de toute façon devoir vous efforcer de cultiver ce sentiment. Utilisez votre imagination. Faites semblant. Par exemple, vous pouvez vous imaginer avoir réalisé un rêve de longue date ou

---

28. Pour en savoir plus sur le travail avec ces trois esprits ou « âmes » et sur leur alignement, voir mon livre *Betwixt & Between: Exploring the Faery Tradition of Witchcraft*, Woodbury (MN), Llewellyn Worldwide, 2017.

un objectif particulier. Imaginez que cet objectif est atteint, et délectez-vous du bonheur que cela vous inspire. Vous avez acheté une maison, vous vous êtes marié, vous avez publié un livre ou obtenu un diplôme. Qu'est-ce que cela vous fait ? Faites de cette rêverie le catalyseur de véritables courants émotionnels en vous. Cet événement n'a même pas à être du domaine de la réalité. Vous pouvez vous imaginer en superhéros, venant de déjouer le plan d'un méchant diabolique, vêtu de votre costume coloré, rayonnant de puissance et d'autorité. Ou bien vous volez dans l'espace entre les étoiles, vous vous sentez libre et extraordinaire. Ou peut-être êtes-vous debout dans un cercle de pierres, la pleine lune au-dessus de votre tête, une puissance magique impressionnante crépitant autour de vous. Vous voyez l'idée. Il ne s'agit pas d'encourager le déni ou l'illusion, mais de vous entraîner à être capable de puiser à volonté dans ces courants d'énergie émotionnelle ; des courants qui, lorsqu'ils sont dirigés consciemment, peuvent s'avérer être d'immenses sources de puissance personnelle pour votre pratique magique.

Quand vous avez terminé, fermez votre journal et éteignez la bougie.

Assurez-vous de revenir régulièrement à cet exercice (je vous suggère de le pratiquer deux à quatre fois par semaine pendant un mois) ; vous pouvez ajouter de la variété en utilisant divers états émotionnels, et en replaçant « puissant » par « sage », « clairvoyant », « intelligent », et ainsi de suite. Essayez aussi de vous servir des points focaux suivants :

« Je suis inspiré par… »
« Les qualités que j'estime précieuses sont… »
« Pour moi, un héros, c'est… »
« J'aimerais m'améliorer en… »
« Je trouve la paix en… »
Et pour finir :
« Je suis… »

❖❖❖

Ce type d'exercice peut vous aider à découvrir les valeurs et les pouvoirs qui résonnent en vous. Cette connaissance est cruciale pour créer la *persona* magique de vos rêves, mais en veillant à ce qu'elle reste vraiment vous-même.

Exercice :
Le lieu de pouvoir
(invoquer le magicien intérieur)

C'est en dehors des limites de notre conscience rationnelle normale que nous sommes le plus à même de découvrir ce qui nous a été longtemps caché. Cet exercice vous permettra d'utiliser votre imagination pour créer les bases de votre identité magique. Vous souhaiterez peut-être vous enregistrer en train de lire le voyage à effectuer en état de transe, afin de pouvoir ensuite être guidé par votre imagination passive.

Matériel nécessaire :

- Une bougie de n'importe quelle couleur
- Allumettes ou briquet
- Un miroir
- Votre journal et un stylo

Alignez vos esprits, et/ou ancrez-vous et centrez-vous.

Imaginez qu'au plus profond de vous-même, dans les espaces vides entre vos molécules, se trouve une étincelle de luminosité presque imperceptible. Imaginez-la presque cachée dans l'obscurité, et voyez que, si vous portez votre attention sur elle, elle se met à grandir. Lentement, elle brille et grandit de plus en plus, jusqu'à devenir une flamme argentée qui remplit votre corps et votre aura. Remarquez ou imaginez comment vous ressentez cette flamme d'argent dans votre corps et dans vos trois esprits. Allumez la bougie et dites :

Du plus profond de moi j'appelle la magie,
Qui réside en mon corps, mon âme et mon esprit ;
Par mon pouvoir sacré, par mon autorité,
Je revendique ici ma souveraineté !

Fermez les yeux et imaginez que cette flamme en vous explose et devient une sphère solide de feu argenté, comme une étoile qui rayonne dans toutes les directions. Souvenez-vous de votre esprit y et ouvrez-vous à ses indications.

Transe :

Imaginez que vous êtes cette étoile d'argent, flottant dans une mer infinie de ténèbres. Vous êtes le centre parfait... la lumière unique au cœur du vide. Imaginez que votre lumière s'étend à l'infini. À chaque respiration, l'obscurité du vide commence à se remplir de votre lumière. De plus en plus brillante, cette obscurité devient d'un blanc éclatant, comme une page blanche intacte.

Imaginez-vous au centre de ce vide, au centre de l'univers tout entier ; ici, vous pouvez faire apparaître tout ce que vous souhaitez. Tout en continuant à respirer lentement et profondément, imaginez-vous empli de puissance magique. Qu'est-ce que cela signifie pour vous ? Avez-vous une image qui vous fait ressentir cela ? Imaginez que vous êtes cette puissante sorcière, ce sorcier redoutable, ce grand magicien, etc. Comment vous voyez-vous ? Imaginez un miroir en pied devant vous. En regardant votre reflet, que voyez-vous ? Quels vêtements portez-vous ? Remarquez votre position, votre posture. Comment vous sentez-vous dans votre corps ? Observez simplement ce que votre imagination vous fait miroiter. Ce n'est pas grave si cela vous semble idiot. Ça l'est, de toute façon. C'est aussi une porte magique ouvrant sur votre imagination, qui peut vous aider à vous plonger plus profondément dans l'occultisme. Prenez le temps d'explorer ces sentiments. Laissez-vous aller et apprenez à les connaître comme faisant partie de votre soi magique profond.

Imaginez maintenant que vous pouvez utiliser votre pouvoir pour imposer une forme à cet espace vide. Imaginez un environnement dont vous sentez qu'il peut être votre lieu de pouvoir ; un temple intérieur dans lequel vous pouvez effectuer toutes les opérations magiques que vous souhaitez. Il peut avoir l'apparence que vous souhaitez : un intérieur, un extérieur, une combinaison des deux, n'importe quoi. Prenez le temps de l'imaginer de façon très détaillée. Quel est l'ameublement de cette pièce ? Y a-t-il des étagères ? Qu'y a-t-il dessus ? Y a-t-il des fenêtres ? À quoi ressemble le paysage ? Est-ce le jour ou la nuit ? Imaginez que ce à quoi vous pensez commence à prendre forme ; le vide devient la manifestation de votre volonté. Imaginez votre temple intérieur dans toute sa splendeur. Prenez le temps de l'examiner vraiment. Imaginez que vous utilisez tous vos sens pour donner plus de réalité à cet endroit : quelles informations vous apportent votre vue, votre ouïe, votre odorat, vos sens du toucher et du goût ? Prenez le temps de jouer avec cet endroit, d'en observer chaque recoin, chaque texture.

Quelque part dans cet espace, imaginez un autel ou un espace de travail. Remarquez (ou faites apparaître) tous les objets ou outils qui, selon vous, pourraient améliorer votre travail magique en ce lieu. Si vous utilisez actuellement des outils rituels, remarquez si ceux d'ici sont les mêmes ou s'ils sont différents. Imaginez que vous prenez ces outils et que vous les utilisez. Faites-le pendant quelques instants.

Si vous travaillez normalement à l'intérieur d'un cercle magique, tracez-en un dans cet endroit en utilisant ces outils. Si vous travaillez plutôt avec un autre outil pour mettre en place un espace rituel, faites-le maintenant. Faites-en sorte que cet espace rituel soit un élément permanent de votre temple intérieur, où vous pourrez vous rendre quand vous le souhaiterez.

Maintenant, rappelez-vous de votre espace physique et ouvrez les yeux, imaginant toujours votre temple intérieur en contemplant la flamme de la bougie. Faites quelques respirations pour revenir à la conscience normale.

❖❖❖

L'exercice ci-dessus peut contribuer à éveiller et à renforcer la conscience de cette partie profonde de notre être, le plus souvent niée par peur ou par incrédulité. Cette étincelle du divin est en nous tous, telle une graine contenant le potentiel de quelque chose de tellement plus grand que ce que nous percevons dans le monde dit terrestre. Elle a juste besoin d'être nourrie, cultivée et dirigée.

Désormais maîtrisée et concentrée par notre volonté au moyen d'actes de magie, notre imagination nous donne la direction ainsi que les moyens de l'employer.

Un outil puissant qui peut nous aider dans notre travail de découverte de soi est l'application d'une perspective astrologique aux esprits α, β et γ. Vous remarquerez sur votre thème de naissance la présence de diverses planètes, toutes en relation les unes avec les autres et placées dans différents signes. Bien qu'une étude approfondie de l'astrologie puisse être à la fois enrichissante et fascinante, nous nous concentrerons ici sur trois aspects du thème individuel : le soleil, la lune et l'ascendant (également appelé « signe ascendant »). Si vous n'avez pas de carte du ciel personnelle, vous pouvez la faire calculer sur l'un des nombreux sites Internet disponibles, dont beaucoup sont gratuits. Une fois que vous avez votre carte du ciel et que vous avez identifié les trois points en question, appliquez chacun d'eux à l'un de vos esprits de l'âme : votre signe lunaire est votre esprit α, votre signe solaire est votre esprit β, et votre ascendant est votre esprit γ[29].

Une brève lecture des qualités de chaque signe devrait vous donner un aperçu de la façon dont chacun de vos esprits de l'âme fonctionne et, en les combinant tous trois, vous obtiendrez une image plus complète de votre identité, et pas seulement au niveau de la personnalité. Un peu de réflexion supplémentaire devrait vous permettre de déterminer les meilleures méthodes pour aligner les trois esprits de votre âme sur un objectif unique.

Entrée de journal : Communiquer avec les trois esprits de l'âme

Pendant quinze minutes, écrivez sur chacun des esprits de l'âme et sur la façon dont ils communiquent dans votre vie. Consacrez cinq minutes à chacun d'eux. (Vous pouvez régler un minuteur.) Commencez par

29. Hunter (Devin), *The Witch's Book of Power*, Woodbury (MN), Llewellyn Worldwide, 2017, p. 209.

écrire : « esprit α », et soulignez-le pour marquer le titre de la section. Ensuite, écrivez ce qui suit : « Dans mes tripes, je ressens... », puis complétez la phrase. Comment votre signe lunaire particulier traite-t-il traditionnellement les émotions ? Pensez-vous que votre signe lunaire vous offre un aperçu du fonctionnement de l'esprit ? N'êtes-vous pas d'accord ? Dans tous les cas, contentez-vous d'écrire. Il n'est même pas nécessaire que cela ait un sens. Pendant cinq minutes pleines, continuez d'écrire en laissant s'exprimer vos sentiments les plus profonds.

Lorsque cela est terminé, faites de même pour l'esprit β, en écrivant : « Dans mon esprit, je perçois... » Comment votre signe solaire décrit-il votre personnalité ? Considérez comment cette lentille astrologique pourrait définir votre personnalité et la manière dont vous percevez votre environnement. Écrivez tout en réfléchissant à la manière dont vous traitez vos pensées.

Enfin, faites de même pour l'esprit γ. Commencez par : « Dans mon esprit, je suis... » Comment votre ascendant décrit-il votre connexion personnelle à l'esprit ? Continuez à écrire pendant toute la durée des cinq minutes.

❖❖❖

Quand nous nous sommes éveillés à notre pouvoir intérieur (et donc, au moment où nous entamons véritablement notre voyage), nous prenons généralement conscience de certaines compétences ou de certains talents que nous maîtrisons dans une certaine mesure. Cela nous donne un aperçu de notre nature profonde. Quelles sont les énergies et/ou les esprits qui vous entourent et vous guident sur votre chemin personnel ? Êtes-vous un guérisseur naturel ? Avez-vous des rêves lucides ou prophétiques ? Peut-être communiquez-vous avec des esprits ? Avez-vous des visions ? Ou faites-vous partie de ces personnes qui peuvent tout simplement manifester instantanément ce dont elles ont besoin ? Être capable d'identifier ce qui nous vient naturellement nous aide à mieux déterminer la meilleure façon d'exploiter notre pouvoir intérieur et de réaliser notre potentiel.

Certes, connaître nos forces et notre vrai potentiel est essentiel pour savoir qui nous sommes vraiment, mais il est tout aussi important de connaître nos limites et nos faiblesses. Ce n'est qu'alors que nous pouvons commencer à renforcer les domaines qui doivent l'être et trouver notre équilibre.

Chaque tradition a ses propres méthodes pour faire l'analyse de son essence, mais l'une de mes préférées (et sans doute la plus proche de l'universel en termes de praticiens des systèmes de magie modernes) est d'utiliser le modèle élémentaire.

Les cinq éléments

Le système des cinq éléments tel qu'il est exprimé dans la tradition magique occidentale est un outil étonnamment puissant pour le développement personnel et magique. En l'utilisant comme une lentille pour voir nos vies intérieures, nous pouvons tracer nos paysages intérieurs en mémorisant simplement quelques qualités clés pour chacun d'entre eux, puis en contemplant des aspects de nos propres vies et expériences. Par exemple, l'élément Air est souvent associé à la communication, la clarté, la résonance, l'intellect et la connaissance. Si nous avons des difficultés à communiquer nos besoins ou nos désirs, nous pouvons utiliser l'élément Air d'une certaine manière dans notre travail personnel. De même, les problèmes liés aux émotions, aux rêves, aux visions, à l'adaptabilité ou à l'inconscience seront mieux traités avec l'élément Eau. Le Feu peut nous donner de l'énergie lorsque nous nous sentons déprimés et est également associé à la volonté, la force, la puissance, la vérité et la transformation. La Terre apporte stabilité, structure, manifestation, croissance, guérison et ancrage. Et enfin, l'Éther (esprit, force, *akasha*, quintessence, etc.) traite du domaine de la connectivité, de la divinité et de la conscience pure.

Avec ces quelques connaissances, vous pouvez utiliser le système élémentaire pour vous aider à étoffer votre identité magique.

Exercice : Équilibrage élémental

Pour que cet exercice soit efficace, vous devez d'abord avoir pratiqué ceux qui précèdent, qui portent sur les trois esprits. Il vous a alors été demandé de dresser une liste des qualités positives et négatives que vous avez perçues. Vous allez maintenant examiner cette liste et la laisser vous guider dans votre progression, en vue de votre guérison et de votre libération.

Matériel nécessaire :

- Encens et encensoir
- Une bougie rouge
- Un verre d'eau
- Un petit bol avec une pincée de sel
- Un cristal de quartz transparent (lavez-le au préalable avec de l'eau et du savon)
- Votre journal et un stylo
- Allumettes ou briquet

Commencez par préparer un autel ou un espace de travail où vous disposerez les objets ci-dessus. Ancrez-vous et centrez-vous. Lorsque vous êtes prêt, examinez la liste que vous avez dressée dans votre journal, en commençant par les qualités négatives. Celles-ci représentent le « poison » que vous avez retenu en vous. En tenant le verre d'eau devant vous, prononcez à haute voix le nom de chacune des qualités de cette liste et ajoutez un petit quelque chose sur chacune. Par exemple, si l'une de ces qualités est quelque chose comme « peureux », vous pouvez dire quelques mots qui développent votre expérience, comme l'identification de la source de la peur, ainsi que la façon dont vous vivez cette émotion dans votre corps physique. Vous pourriez aboutir à quelque chose comme :

> *Peureux. J'ai peur d'être seul, de perdre le contact. Une sensation de malaise profond dans mon estomac et un picotement inconfortable dans mes bras.*

En colère. Je suis tellement en colère contre ceux qui m'ont fait du mal que j'ai envie de m'en prendre à eux et de les blesser en retour. Un picotement chaud sur les côtés de mon visage.
Distraction. Je passe d'une chose à l'autre sans rien terminer. Je perds beaucoup de temps à tergiverser. Une lourdeur dans la poitrine et les bras.

En récitant chacune de ces phrases, imaginez que votre voix projette dans l'eau ces problèmes ainsi que les émotions et les énergies qui y sont liées. Permettez-vous de ressentir réellement ces émotions pendant que vous les récitez. Imaginez que tout cela coule dans le verre, chargeant l'eau de l'essence de ce que vous considérez comme une faiblesse personnelle.

Maintenant, remettez le verre sur l'autel. Allumez la bougie rouge et l'encens, mettez dans l'eau le sel et le cristal, puis faites passer le verre dans la fumée de l'encens, tout en disant :

Par l'air, mes pensées clarifiées,
Par le feu, ma volonté affermie,
Par l'eau, mes émotions limpides,
Par la terre, ma forme vigoureuse,
Par l'éther, mon âme qui s'exalte !
Et voici que mon poison est transformé !

Commencez à chanter ou à fredonner, en imaginant que toutes les énergies négatives que vous avez mises dans l'eau sont maintenant transformées par les principes élémentaires. Dans votre esprit, voyez le souffle de l'air traverser l'eau... le feu la remplissant de lumière... la terre la purifiant, et l'eau coulant à travers elle. Imaginez le cristal brillant, imprégnant l'eau de conscience, et transformant alchimiquement le poison en médicament. Lorsque vous imaginez que le pouvoir est à son apogée, que l'eau brille de mille feux et que vous avez le sentiment que ces impuretés ont été transformées, buvez l'eau, en prenant soin de ne pas avaler le cristal ! Imaginez que cette lumière et ce pouvoir circulent en vous, vous aidant à guérir ce qui doit être guéri, et à équilibrer ce qui doit l'être.

Passez maintenant aux qualités positives de votre liste et lisez-les à haute voix une par une, en ressentant un sentiment de fierté et d'accomplissement pour chacune d'entre elles, quelle que soit son importance. Imaginez que cet acte renforce votre énergie et que vous vous sentez de plus en plus fort à chaque mot. Profitez de cette sensation pendant quelques instants, puis éteignez la bougie avec une prière silencieuse. Notez vos expériences dans votre journal. Gardez le cristal en guise de charme et de rappel.

Exercice :
Je suis

On peut considérer cet exercice comme une sorte de prolongement d'« Éveiller l'esprit γ », dans la mesure où il vise à aligner notre conscience primaire sur notre nature profonde et divine, et à incarner cette expérience par l'emploi du chant vibratoire.

Pratiquez un exercice d'ancrage et de centrage. Alignez les trois esprits de votre âme.

En vous concentrant sur la présence de votre esprit γ, notez les images qui vous viennent. Est-ce la boule de lumière bleue ? Est-ce une étoile ? Un oiseau ? Une fleur ? Autre chose ? Comment vous sentez-vous en sa présence ?

En vous concentrant sur cette sensation, commencez à chanter lentement la phrase « JE SUIS ». Le son doit être un bourdonnement grave et profond, vibrant et résonnant dans tout votre corps. Chantez lentement et allongez un peu plus la durée de la phrase à chaque répétition jusqu'à ce qu'elle prenne la durée d'une expiration complète. Faites cela pendant au moins trois à cinq minutes, en imaginant que la vibration de votre voix transporte cette présence depuis le sommet de votre tête jusque dans tout votre corps physique. Après le temps imparti, arrêtez-vous brusquement et demeurez ensuite dans le silence. Imaginez que ce silence est une présence identique à votre esprit, à la divinité vivante qui est le cœur même de votre être. Laissez-vous aller à ce sentiment pendant un moment. C'est la répétition de cet état qui, avec le temps, augmentera progressivement votre capacité à y entrer sans préparation rituelle ou préalable.

❖❖❖

Des exercices comme ceux-ci peuvent être utiles pour développer l'identité magique, mais ne sont certainement pas les seuls moyens disponibles. Le plus important est de s'imaginer simplement être puissant. Et lorsque vous vous sentez puissant, notez les sensations corporelles associées. Lorsque vous vous sentez puissant, quelle posture adoptez-vous ? Où dans votre corps ressentez-vous cette puissance ? Concentrez-vous sur ces sensations et imaginez que vous les renforcez. Lorsque vous avez réussi à développer ce sentiment et, plus important encore, lorsque vous êtes capable de l'invoquer à volonté, vous êtes prêt pour l'étape suivante du processus. Il est temps de trouver de l'inspiration.

Deuxième partie : Inspiration, graines et sources

Chapitre quatre : Histoire, mythe et littérature

« Une bonne renommée est préférable à de grandes richesses. »

Salomon,

Proverbes 22, 1

Quand on réfléchit à se trouver un nom magique, il faut avant tout chercher quelque chose qui nous inspire, d'une façon ou d'une autre, à dépasser la banalité. Un tel nom devrait nous permettre d'opérer un profond changement psychologique et d'entrer dans un état où le doute de soi est atténué (voire d'où il est tout à fait banni) et où nous avons le sentiment d'être des individus puissants et magiques.

Lorsque nous cherchons l'inspiration pour créer la *persona* magique, nous ne devons pas nous fixer de limites : nous devons savoir que toutes les possibilités nous sont ouvertes. Y a-t-il des mots qui suscitent en vous des impressions particulières ? Si vous vous identifiez à un personnage donné, à une plante, à un animal, à un élément, à une couleur, à une créature ou à une force naturelle, pouvez-vous imaginer incarner ce type d'énergie ? Est-ce qu'elle vous inspire de la grandeur, vous donne une impression de puissance ? Est-ce que cette énergie vous donne le sentiment d'être en accord avec vos valeurs profondes ? Ce n'est pas grave si vous vous sentez un peu bête, au début. La magie, c'est ridicule. Lorsque nous nous sentons à l'aise avec l'idée de faire l'idiot, nous pouvons la dépasser et entrer dans le domaine des pouvoirs que nous recherchons ; nous pouvons commencer à assembler ces éléments et à créer quelque chose qui est magiquement plus grand que la somme de ses parties.

Lorsque nous utilisons ce nouveau nom, nous espérons entrer dans un royaume régi par l'esprit, le mysticisme et les formules magiques plutôt que par les factures, les dates butoirs et les petites frustrations de la vie quotidienne. Nous devrions considérer ce processus comme une occasion de redéfinir qui nous sommes d'une manière qui reflète mieux nos désirs profonds et nos valeurs, qui sont souvent en désaccord avec ceux de la société dans son ensemble, ou même avec notre propre zone de confort. Le nom que nous choisissons nous rappelle que le monde que nous pouvons voir et toucher n'est que la partie émergée de l'iceberg, et qu'il se passe bien davantage de choses sous la surface. C'est un rappel de notre véritable nature magique.

Cet acte d'envoûtement personnel aura de profondes répercussions tout au long de votre vie, dans le monde magique comme dans le monde ordinaire ; il est donc important de prendre le temps d'explorer ce qui vous semble juste. Il peut vous falloir un certain temps pour trouver votre nom ; donc bouclez votre ceinture, et profitez du voyage ! Parfois, notre nom magique va s'imposer à nous immédiatement ; peut-être nous a-t-il été murmuré dans notre enfance, sous la forme d'un fantasme ou d'un ami imaginaire. Ou alors, il s'agit d'un nom qui nous a toujours attirés, sans que nous sachions pourquoi.

Le plus souvent, nous réfléchissons trop, refusant les messages que l'esprit nous envoie à cause de notre vanité (ou d'un désir prépondérant de ne pas être gouverné par notre ego, ce qui revient finalement à être gouverné par notre ego). Nous devons nous autoriser à être libres de tout jugement, pour entrer dans un état de conscience modifié qui nous permettra d'apprécier et de vivre ces réalités, plutôt que de simplement les observer et les étudier. Cet état peut être atteint au moyen de rituels, de la danse et du chant, et de la poésie. Il nous donne la possibilité d'explorer et de ravir nos sens. Il nous permet de trouver l'inspiration.

C'est bien souvent dans la mythologie que l'on peut trouver l'inspiration. Les mythes et les contes populaires de chacune des cultures de notre planète sont remplis de récits d'individus et d'êtres dotés de qualités qui peuvent résonner avec nous-mêmes, ou que nous souhaitons acquérir et cultiver dans notre personnalité. Les noms de divinités, d'esprits ou de héros populaires peuvent nous fournir des liens vers de puissants courants de force magique que nous pouvons ensuite diriger dans notre propre vie en les adoptant et en les utilisant. Chacun possède un égrégore, un esprit vivant, qui est au moins en partie créé et entretenu par les énergies venues de ceux avec qui il est en contact sur les plans émotionnel, mental ou magique. Parfois aussi appelés formes-pensées, ces esprits vivants peuvent exister indépendamment de la volonté de ceux qui les ont créés et influencer le monde physique de diverses manières (bien que généralement subtiles).

On peut dire que cet égrégore existe sur le plan astral et que l'on peut s'adresser à lui et l'invoquer comme n'importe quel autre esprit avec lequel on peut choisir de travailler. Nous pouvons ainsi puiser dans leur puissance et permettre à l'élan magique de leur présence de renforcer nos opérations.

Nous pouvons ressentir une résonance avec un ou plusieurs des attributs d'un personnage. Si vous avez un don pour la poésie, vous pouvez vous sentir en affinité avec les histoires de poètes et de bardes célèbres. Si vous êtes attiré par la sorcellerie et la magie, vous pouvez vous sentir plus proche des qualités des sorcières, des magiciens et des autres utilisateurs de magie. Votre vocation intérieure vous incite peut-être à défendre les faibles ou à lutter contre l'injustice, auquel cas un guerrier, un héros ou même un guérisseur célèbre pourraient vous convenir.

En plus de simplement trouver ce que nous pensons déjà posséder, nous devons choisir des qualités et des histoires qui nous font rêver, qui nous encouragent à nous améliorer d'une façon ou d'une autre. En cela, le nom devient une sorte de balise spirituelle qui annonce au monde non seulement les qualités et les valeurs que nous possédons, mais aussi celles que nous souhaitons cultiver en nous. Par exemple, nous pouvons souhaiter contrer la peur ou la faiblesse que nous percevons par une image de courage et de force ; adopter le nom d'un héros, d'un guerrier ou d'un autre personnage célèbre dont on dit qu'il a surmonté une grande adversité pourrait nous fournir les qualités que nous recherchons. Ou peut-être nous considérons-nous comme prompts à la colère ; nous pourrions alors chercher à incarner des énergies et des influences qui ont la réputation d'être calmes et réfléchies.

Par exemple, si vous vous sentez faible, vous pouvez choisir des influences qui véhiculent la force sous une forme ou une autre. Des noms de héros mythologiques comme Hercule, Achille ou Boadicée vous viennent peut-être à l'esprit, mais des noms plus « ordinaires » peuvent également faire l'affaire. Pensez à des noms à consonance plus conventionnelle comme Liam (irlandais, « forte volonté »), Anders (scandinave, « viril et fort »), Bree (gaélique, « puissance et force ») ou Valérie (anglais, « fort »).

Si le problème est plutôt lié à la peur, les énergies qui inspirent le courage et la confiance peuvent être appropriées. Dans ce cas, pensez à des noms comme Andressa (portugais, « femme forte et courageuse »), Griffin (latin, « seigneur fort ») ou Everett (allemand, « sanglier courageux »).

Ou peut-être avez-vous l'impression d'être impatient ou prompt à la colère ; alors il vous faut peut-être quelque chose qui véhicule une idée d'acceptation et de calme, comme « Sérénité ». Certains choix dans cette catégorie sont Galien (grec, « calme »), Paxton (du mot latin pour « paix ») ou même Winifred (anglais et gallois, signifiant, « joie et paix »).

Magie et sorcellerie

Les récits des nombreux utilisateurs de la magie à travers les âges constituent une source d'inspiration puissante. Paul Huson, dans son livre révolutionnaire intitulé *Mastering Witchcraft* (paru en 1970[30]), suggère quelques noms, tels qu'Ansuperomin (sorcier français réputé avoir assisté au sabbat des sorcières), Arnuphis (général de l'Égypte ancienne réputé avoir des capacités magiques), Circé (sorcière de la Grèce antique), Cyprien (sorcier d'une légende chrétienne[31]), Médée (sorcière de la Grèce antique), Merlin (sorcier arthurien), Morgane (enchanteresse arthurienne souvent appelée « la fée Morgane »), Nimue (« Dame du Lac » arthurienne) et Urganda (équivalent portugais de Circé), pour n'en citer que quelques-uns.

L'étude des récits sur les personnages réputés avoir eu des pouvoirs magiques peut être un excellent moyen de laisser ces courants d'inspiration magique entrer dans notre vie et, potentiellement, renforcer notre propre *persona* magique.

30. NdT : Paru en français en 1975 sous le titre *Guide pratique de la sorcellerie*.

31. NdT : Le texte dit « sorcier biblique », mais ce nom n'apparaît pas dans la Bible.

Les noms des dieux

Peut-être vous sentez-vous inspiré par l'idée d'adopter un nom ayant un peu plus de présence divine. Dans certains cercles de sorciers, il existe une tradition de longue date selon laquelle les initiés prennent le nom d'une divinité, qui n'est parfois connue que des autres initiés. Il peut s'agir d'une divinité avec laquelle l'initié est particulièrement en phase, ou d'une divinité tirée de la culture spécifique dans laquelle le groupe opère. En voici quelques-unes pour vous mettre sur la voie. Si vous faites partie d'un groupe qui se concentre sur un panthéon particulier, vous pouvez simplement concentrer vos études sur ce panthéon, mais si ce n'est pas le cas, il vaut mieux étudier les mythologies et les légendes des divinités du monde entier (en particulier celles de vos ancêtres) pour voir si l'une d'elles vous interpelle.

Andraste

Également appelée Adraste. On ne sait pas grand-chose de cette déesse de la guerre de Grande-Bretagne. Son nom peut signifier « victoire » ou « invincible ». C'est elle que Boadicée priait sur le champ de bataille. Associée au corbeau et au lièvre, elle est traditionnellement vénérée dans des clairières.

Anubis

Ce dieu de l'Égypte ancienne était représenté avec la tête d'un chacal et était associé à la mort et à l'embaumement. Il jouait également le rôle d'un psychopompe, qui guidait les âmes vers les enfers et mesurait leur cœur contre une plume.

Aradia

Cette déesse-sorcière italienne serait la fille de Diane et la première sorcière, envoyée sur Terre pour enseigner à l'humanité l'art de la sorcellerie. Popularisée par le livre de Charles Godfrey Leland paru en 1890, *Aradia, ou l'Évangile des sorcières*.

Belili

Déesse du monde souterrain sumérien associée à l'amour, à la Lune, aux sources et aux puits.

Cardea

Ancienne déesse romaine des charnières. Avec Forculus, le dieu des portes, et Limentinus, le dieu du seuil, ils forment une sorte de trinité des portes. Elle tient ouvert l'espace du seuil, et le rend accessible.

Cerridwen

Puissante sorcière des légendes galloises médiévales, élevée au rang de déesse par les païens modernes, elle est associée au chaudron, qu'elle utilisait pour préparer une potion de sagesse et d'inspiration poétique. Elle destinait cette potion à son hideux fils, Morfran, mais son serviteur, Gwion Bach, l'ingéra accidentellement : en remuant le mélange bouillant, il reçut trois gouttes chaudes sur son pouce. Sans réfléchir, il porta le pouce à la bouche et avala ces trois gouttes ; il se rendit alors compte que Cerridwen serait furieuse, et il s'enfuit. Elle le poursuivit et il utilisa ses tout nouveaux pouvoirs magiques pour se transformer en lièvre. Quand elle se transforma en lévrier, il se changea en poisson et plongea dans la rivière. Elle devint une loutre, et lui un oiseau ; alors elle se transforma en faucon. Enfin, il se changea en grain de blé. Elle devint une poule et le mangea. Peut-être grâce à la potion magique, il ne mourut pas, mais Cerridwen tomba enceinte de lui. Elle avait prévu de tuer l'enfant à sa naissance, mais, quand elle le vit après l'accouchement elle en fut incapable. Elle le jeta à la mer, d'où il fut sauvé par un prince et, en grandissant, il devint le grand barde Taliesin.

Diane

Ancienne déesse romaine de la Lune, de la chasse, de l'accouchement et des forêts ; équivalent de l'Artémis grecque. Sous le christianisme, elle est devenue la déesse des sorcières, comme le décrit Leland dans *Aradia*. Elle est ici une forme de la déesse des étoiles, créatrice de l'univers, associée aux ténèbres, à la sorcellerie et aux fées.

Ea

Dieu mésopotamien de la sagesse, de la magie et de l'eau, équivalent de l'Enki sumérien.

Éros

Dieu grec ancien de l'amour, de la luxure et du sexe. Son nom signifie « désir » et son homologue romain était Cupidon. Représenté sous la forme d'un jeune homme avec des ailes, il est d'abord décrit comme un dieu primordial, l'une des premières divinités à sortir du vide, mais on l'a dit plus tard fils d'Aphrodite et d'Arès.

Hécate

Très appréciée des sorcières modernes, elle est la titanide préolympienne de la Grèce antique, déesse des enfers, de la Lune, des carrefours, de la nécromancie et de la sorcellerie. Sous sa triple forme, elle est parfois décrite à tort comme une figure de jeune fille/mère/vieille femme, mais Hécate est antérieure à cette définition moderne. On la voit souvent comme la Sombre Mère, et on représente quelquefois son pouvoir triple par une image d'elle tenant une torche, une clé et un couteau.

Hyperion

En grec ancien, ce nom signifie « le grand ». C'est le titan de la lumière et de la vigilance, et le père du Soleil, de la Lune et de l'aube. Son père était Ouranos, le dieu primordial du ciel, et sa mère était Gaïa, déesse de la Terre.

Inanna

La reine du ciel et de la Terre était une divinité essentielle des anciens Sumériens, assimilée plus tard à la déesse sémitique Ishtar. Déesse de la terre, des céréales, de l'amour, du sexe, de la guerre, du vin et des oracles, elle était considérée comme la personnification de la planète Vénus.

Lilith

Selon la légende hébraïque, c'était la première femme d'Adam. Elle a refusé d'être dominée par lui et a été diabolisée (et associée à la Lilitu sémitique), et considérée comme la mère des démons. Elle a connu un renouveau dans le paganisme moderne en tant que figure féministe.

Lucifer

Loin d'être le « diable » chrétien, il est la personnification de la lumière (son nom signifie « porteur de lumière »). Dans la légende de la sorcière italo-toscane, il est le dieu du Soleil et le fils, le frère et l'autre moitié de la déesse Diane. Il est la personnification de la lumière, tant physique que métaphorique, au sens d'intelligence et de conscience. Il est l'étincelle du divin au sein de l'humanité. Comme variante de ce nom, on trouve Lucien, Lucius et Lumiel.

Manannán

Manannán Mac Lir (« Manannán, fils de la Mer ») est le dieu irlandais de l'océan, dont on dit qu'il avait un navire pouvant naviguer tout seul (le « Balayeur des vagues ») et un destrier magique (« Aonbharr ») qui pouvait traverser aussi bien les eaux que la terre.

Mari

Divinité suprême de la religion des anciens Basques et déesse mère de la tradition américaine de sorcellerie Faery. Déesse de la Terre, de la mer, des étoiles et de la Lune. Patronne de toutes les sorcières.

Morphée

Dieu des rêves de la Grèce antique. Il réside aux Enfers avec son père Hypnos (le sommeil) et son oncle Thanatos (la mort douce).

Rhiannon

Déesse galloise de la fertilité et de l'inframonde. Elle chevauche un cheval blanc si rapide que personne ne peut la rattraper, ce qui fait peut-être allusion à la Lune.

Sekhmet

Cette ancienne déesse égyptienne était représentée avec la tête d'une lionne et le pouvoir ardent du Soleil. C'est une déesse sombre associée au pouvoir illimité et même à la rage.

Sophia

Éon gnostique de la Sagesse, elle est associée aux déesses stellaires modernes de diverses traditions ; on la disait emplie du désir de créer par elle-même, donnant naissance au cosmos par l'orgasme qu'elle s'était donné.

Tyché

Déesse grecque de la fortune et de la chance, plus tard latinisée sous le nom de « Fortuna ». On croyait qu'elle gouvernait tous les événements inattendus, bénéfiques ou non. C'est la toute première Dame Fortune.

Vesta

Déesse romaine du foyer, de l'âtre et du feu. Équivalent de la déesse grecque Hestia.

Zeus

C'était le roi de l'Olympe, le dieu du ciel auquel tous les dieux grecs prêtaient allégeance. Fils de Cronos, qui avait avalé tous ses autres enfants pour éviter d'être vaincu par eux comme l'annonçait la prophétie. Rhéa, en cachant Zeus et en donnant à la place à Cronos une pierre enveloppée dans du tissu, lui a épargné ce destin. Une fois devenu grand, Zeus est revenu, avec des alliés, combattre Cronos et les autres Titans, qu'il a fini par tous vaincre. Zeus a tué son père, et est ainsi devenu le roi des dieux.

Selon certains, prendre le nom d'une divinité est un manque de respect. D'autres estiment que cette pratique est simplement un cas d'hubris. Mais en fait, il n'y a aucune raison de ne pas adopter le nom d'une divinité si on est prêt à accepter tout ce que cela implique. Les divinités ne sont pas que lumière et arcs-en-ciel ; elles ont leurs faiblesses autant que leurs forces souvent tant vantées. Tout comme nous, chaque divinité possède une face d'ombre, où faiblesses et difficultés peuvent rôder, relativement invisibles. Tyché ne s'occupait pas que de la chance. Hercule a peut-être fait beaucoup de bien, mais il a aussi tué toute sa famille quand il est devenu fou. Cerridwen a essayé d'assassiner son jeune pupille qui avait commis une erreur par inadvertance (c'est ce qu'on appelle des difficultés à gérer sa colère). Vous voyez ce que je veux dire. Quand vous prenez le nom d'une divinité, vous ne prenez pas que les aspects agréables de cette divinité, ou ceux que vous aimez. Vous les prenez tous. Dans une certaine mesure, leur ombre devient une partie de la vôtre.

Ceci ne veut pas dire qu'il ne faudrait jamais le faire. Si vous vous y sentez appelé, faites-le, les yeux grands ouverts, bien conscient que vous devrez peut-être résister à certaines habitudes, à certains comportements ou à certains traits de caractère, et les contrer au moyen d'actes bien réels intégrés à votre pratique spirituelle. Les individus qui prennent le nom de Cerridwen peuvent s'associer à des groupes impliqués dans la gestion de la colère, tandis que ceux qui souhaitent s'appeler Achille devraient par exemple prendre tout particulièrement soin de leurs pieds, peut-être même apporter leur soutien à des groupes en lien avec la médecine des pieds. (Ça a l'air un peu bête, jusqu'à ce qu'on souffre de fasciite plantaire. Ouille !) Une connaissance approfondie de diverses mythologies vous permettra de mieux comprendre à quoi vous risquez de devoir vous attendre.

Dans certains cas, il ne s'agit pas tant d'aspects cachés que d'un côté sombre de la divinité. Prenez par exemple la déesse Aphrodite. Elle est généralement associée à l'amour et à la fertilité, mais beaucoup oublient que, en tant qu'Aphrodite Areia, elle était aussi considérée comme une déesse de la guerre. Diane est la reine des sorcières et des fées autant que la déesse des ténèbres. Si ce n'est pas en soi une caractéristique négative (il s'agit des ténèbres naturelles du ciel nocturne), dans un récit, elle se sert de sa magie pour violer son frère-fils-amant, le dieu de la lumière, afin d'avoir un enfant de lui. Ceci n'annule pas les attributs positifs de Diane, mais nous donne une image plus complète de sa nature.

Certes, il est important de comprendre dès le départ que les dieux ne sont pas des modèles, mais ils peuvent nous aider à faire entrer notre conscience dans de nouveaux mondes, où nous pourrons explorer plus profondément ce que cela signifie que d'être humain et de faire de la magie. Nous devons donc être prêts à bien étudier leur mythologie, et pas seulement leurs aspects les plus connus. Dans toute la mesure du possible, recherchez la version originale des histoires, et tenez compte du contexte culturel. Si beaucoup de divinités (et de noms en général) peuvent avoir de multiples couches de signification, le plus important pour notre objectif est d'avoir une compréhension approfondie des énergies mythologiques spécifiques que nous souhaitons intégrer à notre vie. La concentration sur des bases historiques et mythologiques solides peut nous rapprocher de la divinité que nous recherchons et nous fournir de nombreuses opportunités d'inspiration pour déterminer un nom approprié et puissant que nous pourrions adopter pour notre propre développement magique.

Nous ne devons pas supposer devoir nous limiter aux seules figures humaines ou divines dans notre étude mythologique. Les créatures légendaires sont d'excellents réservoirs de pouvoir magique et psychique, et peuvent être utilisées comme tout autre courant d'énergie et de conscience. Ce n'est pas parce que nous sommes en phase avec un dragon, une fée, un Phénix ou tout autre organisme magique aux origines bizarres et incroyables que nous avons nécessairement perdu tout lien avec la réalité. Que l'on y croie ou non, comme les divinités, les créatures mythologiques possèdent un égrégore puissant alimenté par des siècles d'implication psychique, et ceux qui se sentent attirés par leur présence fantastique doivent donc impérativement faire des recherches sur leurs mythes et leurs habitudes.

À ce stade, un examen plus approfondi de certaines créatures mythologiques pourrait s'avérer utile. Le dragon dont il est question plus haut, par exemple, pourrait convenir à ceux qui se sentent particulièrement attirés par l'étude des énergies terrestres et des lignes ley, car certains indices dans le folklore laissent penser que c'est l'une des interprétations de cet animal magique dans le monde occidental. Mais comme leurs homologues divins, les dragons occidentaux ont aussi la réputation d'être violents et avares ; il serait donc sage d'en tenir compte avant de se lier à un égrégore si puissant. (Les dragons orientaux sont tout à fait différents, représentant souvent la fortune et la chance ainsi que les bénédictions divines.) De même, le Phénix convient à ceux qui jugent nécessaire de transformer complètement leur vie, mais il faut aussi tenir compte de la manière dont cette transformation se produit dans ce contexte mythique : le Phénix s'anéantit dans une rage de feu destructeur avant de renaître. Par conséquent, si vous n'avez pas encore fait l'expérience de ce feu, vous devriez faire preuve de prudence avant de l'invoquer sur vous. Contrairement à ce que l'on peut voir dans les films de Walt Disney, les fées ne sont pas des êtres gentils et innocents qui exaucent les souhaits des enfants ; elles appartiennent à une race complexe d'êtres de toutes sortes, avec des besoins et des motivations qui leur sont propres, et une moralité très particulière. Elles ont la réputation d'être des filous, et il serait sage de faire preuve de prudence avant de s'approcher de cette énergie d'un autre monde (et oui, j'ai longtemps médité là-dessus avant de faire le grand saut).

Mais quels autres choix pourrions-nous faire ? Quelles autres créatures mythologiques pourraient nous insuffler une dose de leur magie mystérieuse ? Nous disposons d'une quantité presque inépuisable de matériaux ; vous pourriez commencer par ouvrir un livre sur les diverses mythologies du monde entier. Et si vous vous sentez déjà attiré par une culture spécifique, ce n'est plus qu'une question d'étude et de méditation.

La magie de l'histoire

Les archives historiques constituent un autre domaine d'étude propice à l'inspiration. Laissant de côté la mythologie, nous pouvons nous tourner vers des personnages de l'Antiquité qui ont eu un impact sur le monde d'une manière qui nous inspire. Héros, penseurs, inventeurs, artistes, guerriers, guérisseurs, protecteurs : il y a toujours eu des individus qui ont marqué le monde de leur empreinte et dont l'héritage perdure. Comme les dieux, ce sont des courants de pouvoir spirituel toujours vivants où nous pouvons puiser, pour faire entrer dans notre vie une petite partie de cet héritage, qui nous aidera à donner forme à notre magie. Ceci comprend nos propres ancêtres, ainsi que de célèbres sorciers et sorcières historiques et contemporains, qui se sont battus pour que la sorcellerie soit disponible pour nous aujourd'hui. Ils font partie des Morts puissants de l'Art. Si beaucoup d'entre eux nous sont connus par leur nom public ou officiel, nous avons le privilège, grâce aux archives historiques[32], de pouvoir avoir un aperçu plus profond de leur monde intérieur grâce à la révélation de leur nom magique.

Scire

Nous commencerons par le nom de l'Art pris par Gerald Gardner (1884-1964), fondateur de la Wicca moderne. C'est un mot latin qui signifie « connaître », et qui est à la base de notre mot « science ». Gardner a utilisé Scire comme pseudonyme lorsqu'il a écrit son livre *High Magic's Aid*, un récit fictif sur la magie, la sorcellerie et l'occultisme publié à une époque où la sorcellerie était encore illégale. Il a ensuite déclenché le *Witchcraft Revival* (« renouveau de la sorcellerie ») et provoqué au passage quelques controverses. Qu'on l'aime ou qu'on le déteste, nous lui devons beaucoup.

32. Seims (Melissa), « Elders of the Wica », *The Wica* (blog, s. d.), https://www.thewica.co.uk/elders-of-the-wica

Ameth

C'est le mot hébreu pour « vérité » et c'était aussi le nom de l'Art de l'incomparable Doreen Valiente (1922-1999), la mère de la sorcellerie contemporaine. En tant que première grande prêtresse de Gerald Gardner, et dotée d'un talent, d'un esprit et d'une force émotionnelle incroyables, elle a contribué à façonner la Wicca moderne. En plus de plusieurs autres contributions créatives, elle a écrit « la Charge de la Déesse », l'invocation tant appréciée dont on dit qu'elle se transmet depuis l'Antiquité. Nous avons tous une dette énorme envers elle.

Dafo

C'est le nom donné à la personne qui, selon Gerald Gardner, l'a initié au *coven* de New Forest, qui a donné naissance au mouvement wiccan. Son identité est longtemps restée secrète, mais les historiens l'ont découverte dans les années 1990, révélant qu'il s'agissait de la regrettée Edith Woodford-Grimes (1887-1975). On pense que Dafo n'était pas son nom d'origine mais plutôt un surnom qui lui avait été donné par Gardner, qui avait visité l'Asie orientale où le terme aurait été utilisé pour désigner certaines statues du Bouddha[33].

Gwydion

Ce nom issu de la mythologie galloise signifie « né des arbres » et était le nom magique de Thomas deLong, plus connu dans le monde de la sorcellerie sous le nom de Gwydion Pendderwen (1946-1982), un ancien influent dans la tradition Faery américaine. On l'appelait souvent « le chaman des fées », et c'était un chanteur, musicien et barde talentueux.

Morven

La porteuse de ce nom de l'Art était la regrettée Barbara Vickers (1922-1973), qui était peut-être la toute première femme initiée à l'Art par Gardner. Son nom magique, Morven, est un nom écossais tiré d'un nom

33. Heselton (Philip), *Wiccan Roots: Gerald Gardner and the Modern Witchcraft Revival*, Chieveley (RU), Capall Bann, 2000, p. 117.

de lieu qui signifie « grand fossé ». Je ne sais pas exactement ce que cela signifiait pour elle, mais le nom est vraiment cool.

Robat

La version galloise du nom Robert signifie « renommée brillante », et cette qualité était particulièrement vraie dans le monde de la sorcellerie pour le porteur de ce nom de l'Art, le seul et unique Raymond Buckland (1934-2017). Il est à l'origine de l'introduction de la Wicca aux États-Unis et a été l'une des premières voix à réclamer une plus grande inclusion dans la sorcellerie contemporaine. Les livres de ce spirite et auteur de talent, en particulier le « Grand Livre bleu » (alias *Buckland's Complete Book of Witchcraft*), ont amené bien des gens à pratiquer la sorcellerie.

Tanith

Nom de l'Art de Lois Bourne (1928-2017), ancienne wiccane, auteure, médium, et initiée par Gerald Gardner dans les premiers temps de son activité. Tanith est une orthographe alternative de Tanit, une déesse phénicienne équivalente à la déesse de la guerre Astarté. Elle est également liée à Tana, déesse du feu primordial, un autre nom de la déesse Diana, en tant que reine des sorcières.

Verbius

Le seul et unique Alex Sanders (1926-1988), fondateur de la tradition alexandrienne de la Wicca, portait ce nom magique. Il s'agit d'un autre nom pour le dieu Dianus, homologue de Diane. Il est apparenté au Rex Nemorensis, ou « roi de Nemi », en référence au lac Nemi, où la déesse Diane était vénérée. Un tel nom convient à coup sûr très bien au « roi des sorcières ».

Ce ne sont là que quelques-uns des noms magiques de certains des premiers anciens de la sorcellerie contemporaine. Les praticiens actuels, tels que Starhawk, Phoenix LeFae, Oberon Zell-Ravenheart, Orion Foxwood et moi-même poursuivons la tradition d'utiliser un nom magique en relation avec notre Art, mais nous sommes allés plus loin en l'utilisant comme un pseudonyme public, ou même simplement comme notre nom dans la vie de tous les jours.

❖❖❖

Puisque la sorcellerie contemporaine puise tant de puissance dans les histoires du passé, nous pouvons remonter dans l'Antiquité pour nous identifier non seulement à ceux avec qui nous partageons une lignée ou un lien de sang, mais aussi à ceux avec qui nous pouvons établir un lien poétique. Nous nous identifions également à ces personnes qui n'étaient peut-être pas de véritables sorcières, mais qui ont été accusées de sorcellerie ou exécutées pour ce crime, attirant ainsi ce courant de puissance poétique dans notre vie et dans notre pratique. Cela peut fournir un lien spirituel avec ce qu'on appelle le « Old Craft », ce concept nébuleux d'une sorcellerie prémoderne insaisissable qui inspire de nombreux praticiens modernes.

Voici quelques exemples : Bridget Bishop (v. 1632-1692), la première personne à avoir été exécutée lors du procès des sorcières de Salem, ce qui en fait un bon choix pour ceux qui souhaitent se relier au passé lointain de la sorcellerie américaine, que ce soit par l'adoption d'un nom ou simplement en l'honorant comme une ancêtre sorcière. Elle a été pendue, tout comme Sarah Good (1655-1692) et les dix-sept autres personnes exécutées à Salem pour sorcellerie. Giles Corey (1611-1692) a également été condamné à mort à Salem ; il a été tué par écrasement pour avoir rejeté la validité du procès.

Près de cent cinquante ans plus tôt, en Suède, Lasses Birgitta (« Birgitta, épouse de Lasse ») fut la première femme de ce pays accusée de sorcellerie. Elle est condamnée à la mort par décapitation en 1550. Plus tôt encore, Alice Kyteler (née en 1263 mais morte après 1325) est la première personne condamnée pour sorcellerie en Irlande. Plutôt que de faire face à ses accusateurs (et peut-être parce qu'elle sentait que l'opinion publique se dressait contre elle), elle a fui le pays et on n'a plus jamais entendu parler d'elle. Ses associés moins riches n'ont cependant pas eu la même chance qu'elle.

Parmi les très nombreux récits recueillis à l'époque des procès en sorcellerie, l'un des plus riches est celui du cas exceptionnel d'Isobel Gowdie, une Écossaise qui, en 1662, a avoué pratiquer la sorcellerie. Il est exceptionnel en raison des précisions qu'elle a données. Au cours de six semaines, elle a fait quatre confessions, remplies de détails salaces sur les pratiques des sorcières, les charmes, les incantations, les rencontres avec le roi et la reine des fées, et même les relations sexuelles avec le diable. Ses confessions désormais célèbres ont inspiré des œuvres littéraires ainsi qu'une œuvre pour orchestre symphonique. Dans *The Visions of Isobel Gowdie* d'Emma Wilby, il est supposé que les confessions de Gowdie comportent des éléments chamaniques, en particulier dans son récit sur les fées. Nous ne connaissons pas avec certitude le sort de Gowdie, car il n'existe aucune trace de son exécution (bien que cela soit courant puisque les registres de l'époque n'existent plus). Il est probable qu'elle ait été étranglée et brûlée, la punition courante en Écosse pour le crime de sorcellerie. Mais puisque nous ne le savons pas, peut-être que, par le seul mystère, elle peut être élevée dans nos cœurs au rang de l'une de nos Mortes puissantes, qu'elle ait ou non été sorcière.

Ce ne sont là que quelques-uns parmi une centaine de noms de personnes qui ont été accusées et/ou exécutées pour sorcellerie. Les autres ont été perdus dans l'Antiquité. Mais ces personnes, ainsi que bien d'autres personnages historiques, peuvent nous inspirer les qualités avec lesquelles nous nous sentons en résonance, ou celles auxquelles nous osons aspirer. Si nous ressentons une affinité, alors nous devons absolument en prendre note. Les leçons nous parviennent d'une myriade de façons différentes. Si quelque chose dans leurs histoires nous amène à y reconnaître une part de nous-mêmes, ces personnages ne sont pas vraiment morts : ils continuent de vivre, en nous.

La fiction, un mythe moderne

Dans notre quête de l'inspiration, nous n'avons pas à nous limiter aux seuls genres de l'histoire ou de la mythologie. La littérature, tant classique que contemporaine, peut aussi nous donner les moyens nécessaires pour choisir notre nom de pouvoir, qui n'en sera pas moins valide. Les personnages de nos récits préférés peuvent être parmi les plus puissants, car nous aurons probablement avec eux un lien émotionnel puissant, porteur de son propre courant de puissance ; tout histoire suffisamment ancienne possédera l'élan psychique nécessaire pour ce type de magie. Le fait que tant de gens se soient attachés émotionnellement aux personnages de ces histoires alimente leur égrégore en énergie vitale. On peut contacter ces esprits vivants tout aussi bien que n'importe quel autre type d'esprit avec lequel on souhaite travailler ; quand on réfléchit bien, il n'y a aucune différence pratique.

Comme nous, ces personnages sont eux-mêmes des histoires, et portent un message. Toute histoire a le potentiel d'inspirer en nous la grandeur. Pensez aux personnages littéraires avec qui vous pouvez ressentir un lien, une parenté. Bon nombre de sorciers et de sorcières talentueux ont choisi un nom dérivé des œuvres de J. R. R. Tolkien, Robert Jordan ou Terry Pratchett. Ma défunte amie Valerie Walker (aussi connue sous le nom de VeeDub) était une fabuleuse sorcière accomplie, initiée à la fin des années 1970, qui a ensuite enseigné l'Art pendant bien des années avant de franchir le Voile en 2018. Elle se servait souvent en public du nom « Weatherwax » en l'honneur de Granny Weatherwax (« Mémé Ciredutemps », en français), son personnage de sorcière préféré dans la série du *Disque-Monde* de Pratchett. Je connais plusieurs autres sorcières qui ont adopté le même nom, et qui se désignent comme les *Weatherwaxians*, un terme qui montre bien leur approche pragmatique et basique de l'Art.

Dans la même veine, des personnages comme Éowyn, du *Seigneur des anneaux*, Rand al'Thor de *La Roue du Temps*, Elphaba de *Wicked* par Gregory Maguire, Katniss Everdeen de *The Hunger Games*, Luke Skywalker de *Star Wars*, ou même Willow Rosenberg de *Buffy contre les vampires* peuvent inspirer chez certains sens de l'honneur ou du devoir, force, intelligence, pouvoir et persévérance, ce qui en fait de parfaits candidats pour nos opérations magiques. La première chose à faire est de trouver ce qui vous inspire vraiment. Quand il s'agit de trouver l'inspiration nécessaire pour choisir un nom de pouvoir et créer sa *persona* magique, une œuvre littéraire est tout aussi valable que la mythologie, l'histoire ou la religion. Ce qui compte, c'est ce qu'un symbole vous inspire, pas nécessairement son origine. En sorcellerie, on se sert de ce qui fonctionne.

Il y a un autre détail intéressant au sujet de Tolkien : non seulement il a créé des personnages puissants et fascinants, mais aussi plusieurs langues parfaitement viables, que l'on peut utiliser si on le souhaite pour construire un nom magique. Dans la tradition Faery américaine, certaines de nos lignées ont coutume de se servir d'une variante des langues « elfiques » inventées par Tolkien. On s'en sert pour des noms initiatiques, des noms de *coven*, et ainsi de suite. Dans l'esprit de la tradition ancestrale qui veut que l'on se serve d'un langage spécial en magie, nous pouvons mettre le sindarin et le quenya (deux des langues elfiques les plus populaires de Tolkien) aux côtés du latin, de l'araméen, du copte, du sumérien, du moyen anglais ou même de l'hébreu biblique dans la catégorie « langue magique populaire », bien qu'en fait toute langue autre que votre langue natale puisse faire l'affaire. De telles langues donnent à ceux dont ce n'est pas la langue natale un outil pour entrer dans un état modifié de conscience dans lequel ils ne se concentrent pas consciemment sur le sens des mots, mais plutôt sur les sons, comme moyen de sortir de leur tête et d'entrer dans un état primordial où il est plus facile de faire agir la magie. Même pour les rares individus qui ont pu étudier ces langues, ou qui les parlent couramment, le fait qu'elles ne sont pas utilisées dans notre monde ordinaire leur donne une forme de présence magique, semblable à notre emploi d'un nom magique ou au port de vêtements rituels spéciaux quand on entre dans un cercle rituel.

Petite remarque sur le fait d'utiliser un langage ou un élément culturel autre que le sien : il faut prendre bien soin de respecter sa culture d'origine. En particulier s'il s'agit d'une langue vivante (c'est-à-dire si des personnes vivantes la parlent encore), il convient de faire des recherches pour garantir que nous ne retirons pas ces mots de leur contexte d'origine, ainsi que pour confirmer que nous sommes capables de les prononcer correctement. En outre, nous devons être prêts à rendre à cette culture, sans quoi elle n'est plus qu'une autre ressource exploitée par l'ignorance (et l'arrogance) du colonialisme.

Bien entendu, ces préoccupations perdent un peu de leur importance lorsque l'on s'inspire d'œuvres de fiction. Si certains évitent de s'inspirer d'autres choses que de mythes et de légendes historiquement vérifiés, d'autres trouvent un intérêt dans ces histoires et y puisent aussi facilement que dans n'importe quelle source de renom universitaire.

Mat Auryn relate son expérience sur ce point, et explique que l'adoption d'un nom d'origine fictive, quoique personnelle, a aussi de nombreux niveaux de signification :

> *AURYN (stylisé en lettres capitales) est le nom du médaillon du roman et du film* L'Histoire sans fin. *À un certain niveau, c'est un rappel de mon enfance et de l'état d'émerveillement enfantin, de la magie et du souvenir de mes racines. À un autre niveau, ce roman est une gigantesque parabole occulte. Bien que nous ne puissions pas prouver que l'auteur, Michael Ende, ait pratiqué l'occultisme, nous savons qu'il possédait une grande collection de livres occultes dans sa bibliothèque, notamment les œuvres d'Aleister Crowley.*
> *Au dos du médaillon figurent les mots* Tu Was Du Willst. *Dans le roman comme dans le film, cette phrase a été traduite en anglais par* Do What You Wish *(« fais ce que tu souhaites »), mais elle serait mieux traduite par* Do What You Will *(« fais ce que tu veux ») ; et en effet, le message principal de l'histoire concerne l'utilisation correcte et incorrecte de la volonté personnelle et la découverte de la véritable volonté de chacun, un concept « crowleyen » similaire au concept de Dharma dans le bouddhisme, soit notre mission et notre but dans l'incarnation. Il s'agit là encore d'un reflet de mes recherches spirituelles, de*

ma conviction que le travail que je fais sous le nom de « Mat Auryn » est en accord avec ma volonté véritable, et d'être attentif à la bonne utilisation du pouvoir, de la magie et de l'influence pour un but supérieur. Il est intéressant de noter que l'un des principaux points de l'histoire consiste à essayer de découvrir le nouveau nom de l'impératrice enfantine pour sauver le monde de Fantasia, et qu'il porte sur le pouvoir des noms et des appellations.

Ça m'a l'air sorcier…

Il existe également une pléthore de noms qui sonnent tout simplement « sorciers ». Ils peuvent être liés ou non à de véritables sorcières historiques (ou même fictives), mais parfois la consonance même du nom se prête à l'esthétique des chaudrons, des sorts et des balais.

Certains de ces noms ont été utilisés pour des sorcières de fiction, mais ils existaient déjà auparavant. La courte liste ci-dessous vise à vous donner des exemples de noms qui peuvent être utilisés par des sorcières modernes qui souhaitent s'approprier un pouvoir sorcier, mais qui ne veulent pas être complètement déplacées dans le monde contemporain.

Les sorcières de *Ma sorcière bien-aimée*

Il y avait d'excellents noms de sorcières dans cette sitcom des années 1960 ; peu importe qu'ils aient ou non été à l'origine des noms de sorcières, ils ont très certainement acquis cette connotation dans l'imagination populaire. On se souvient sans doute surtout de Samantha, Endora et Tabatha (respectivement la mère, la vieille femme et la jeune fille de la série), mais qui pourrait oublier Serena, la cousine de Samantha qui lui ressemble trait pour trait, ou Esmeralda la farfelue ? Et que dire de l'excentrique tante Clara, collectionneuse de poignées de porte ? Parmi les autres noms à consonance sorcière de la série, citons Enchantra et Grimalda.

Malheureusement, les sorciers de la série n'ont pas reçu de noms aussi spectaculaires : Adam, Maurice et Rollo n'ont rien de très sorcier, mais en se forçant un peu, on peut imaginer l'oncle Arthur assistant à une réunion à la célèbre table ronde du roi du même nom (mais peut-être seulement en tant que bouffon de la cour).

Agatha

Agatha Southeil (v. 1470-v. 1488) était peut-être une personne bien réelle accusée de sorcellerie (elle est tombée enceinte hors mariage à l'âge de quinze ans et a fui ses oppresseurs pour accoucher dans une grotte ; difficile de faire mieux), mais ce nom a été utilisé ailleurs pour désigner des sorcières. Agatha Harkness, par exemple, un personnage créé pour Marvel Comics en 1970. Le nom « Hagatha » est un jeu de mots évident sur ce nom et sur le mot anglais « Hag[34] » ; elle apparaît comme un personnage du jeu Hearthstone ainsi que comme « Tante Hagatha », un autre personnage de *Ma sorcière bien-aimée.*

Hazel

Bien qu'il s'agisse du nom d'un arbuste bien connu en magie des campagnes[35], il a également été immortalisé comme le nom d'une sorcière, très probablement en raison de l'arbuste connu en anglais sous le nom de *witch hazel*[36]. Bien que l'étymologie du mot *witch* dans *witch hazel* n'ait rien à voir avec le mot *witch* signifiant « sorcière » (il vient du vieil anglais *wice*, qui signifie « souple[37] »), il est étroitement associé aux sorcières dans l'esprit populaire ; il a même donné son nom à l'adorable sorcière au visage vert des dessins animés *Looney Tunes* (qui se trouve être l'un de mes personnages préférés, avec épingles à cheveux et tout le reste).

34. NdT : Vieille sorcière ou vieille femme (terme péjoratif).

35. NdT : Le noisetier.

36. NdT : L'hamamélis.

37. « Witch hazel », Etymology Online, https://www.etymonline.com/word/*witch*%20hazel

Robin

Au premier abord, ce nom ne semble pas très sorcier, mais un plongeon dans son histoire révèle ses liens étroits avec le paganisme. Le personnage connu sous le nom de « Puck » dans le folklore anglais est alternativement appelé « Robin Goodfellow » ou « Hobgoblin » (ici *hob* est mis pour Rob ou Robin, signifiant « lumineux ») et est lié au célèbre personnage de « Robin des Bois » qui, dans ce contexte, peut être considéré comme une manifestation de « l'Homme vert », un esprit de la nature et des forêts.

Sabrina

Ce nom est devenu à jamais associé à la sorcellerie grâce à son utilisation dans la série de bandes dessinées d'*Archie* où le personnage incarne une « jeune sorcière ». Par la suite, elle a connu de multiples incarnations télévisées, dont la plus récente, *Les Nouvelles Aventures de Sabrina* (*Chilling Adventures of Sabrina*). Avant cela, le nom était utilisé comme le nom d'une nymphe d'eau dans *Comus* de John Milton (1634).

Ursula

Ce nom signifie « petite ourse » en latin. Sainte Ursule est une sainte chrétienne morte en 383, mais si vous cherchez ce nom sur Google, vous trouverez de nombreuses références à Ursula, la sorcière des mers de Disney. Et avec une chanson qui tue (« Poor Unfortunate Souls[38] », chantée par la talentueuse Pat Carroll), je suis tout à fait partant.

Zéphyr

Dérivé du nom grec du vent d'ouest (*Zephyros*), ce nom est utilisé par les sorciers qui souhaitent invoquer les pouvoirs mythiques de l'air, des vents et de l'ouest, la direction associée aux ancêtres dans le paganisme européen.

---

38. NdT : Dans la version française, « Pauvres âmes en perdition ».

En adoptant des références extérieures à notre propre imagination, qu'elles proviennent de la fiction, de la culture ou même de la nature, nous attirons en nous des courants bien réels d'énergies mythologiques et/ou métaphysiques qui nous ouvrent des possibilités presque infinies.

Chapitre cinq : La terre naturelle

« Le nom de nature convient bien
à un effet dont Dieu est la cause. »

William Cowper,

The Task (La Tâche)

Nous pouvons aussi puiser l'inspiration pour notre nom sorcier dans un autre domaine, qui est d'ailleurs assez populaire : celui de la nature elle-même. La tradition occulte veut que certains arbres, plantes, animaux, pierres et autres phénomènes naturels possèdent des qualités ou des pouvoirs dont nous, praticiens de la magie, pouvons apprendre à nous inspirer. La pratique spirituelle et psychique de l'utilisation des cristaux à des fins diverses en est un excellent exemple, tout comme l'utilisation des herbes dans l'envoûtement. Nous pouvons choisir un ou plusieurs de ces éléments pour les inclure dans notre nom, tout comme nous pouvons les choisir pour un type de sort plus conventionnel.

Une fois en mesure de modifier notre conscience afin de voir la nature qui nous entoure comme un langage vivant qui ne demande qu'à être lu, nous serons en meilleure position pour acquérir la perspicacité et la sagesse des mystères de la nature. Lorsque nous voyons l'arbre, la forêt, l'oiseau et la bête comme une conscience unique dont nous faisons nous-mêmes partie, nous sommes alors prêts à contacter plus pleinement le divin qui est en nous.

Le folklore de nombreuses cultures fait état de l'essence spirituelle de certains animaux et de certaines plantes, ce qui nous donne amplement matière à renforcer notre *persona* magique par une dose d'animisme. Il faut savoir que chaque culture a sa propre manière de voir ces animaux et ces plantes, et que si vous en étudiez plusieurs, vous obtiendrez une image plus complète de leur essence spirituelle. Tenez surtout compte de votre culture et de votre histoire familiale, ainsi que de celles qui sont enracinées dans la terre où vous vivez actuellement.

Le règne animal

Pour construire votre nom magique, vous pouvez vous servir du nom de tout animal avec lequel vous ressentez un lien ; mais il y en a certains qui apparaissent plus souvent que d'autres dans les traditions sorcières, comme familiers ou comme manifestations du diable, mais aussi comme formes adoptées par les sorcières elles-mêmes pour se rendre au sabbat.

Lorsque l'on décide d'incorporer le nom d'un animal au sien, il faut d'abord apprendre tout ce que l'on peut sur lui. Où vit-il ? Quels types d'environnement apprécie-t-il ? Quelles sont ses habitudes d'accouplement ? Que mange-t-il ? Est-ce un animal social ? Quels sont ses ennemis naturels ? Est-il en voie de disparition ? Est-il dangereux ?

En plus de questions de ce genre, vous devez examiner l'étymologie de son nom, ordinaire comme scientifique. L'un ou l'autre peut vous fournir des éléments pour déterminer votre nom magique, et peut avoir des liens avec la mythologie et le folklore, ce qui peut vous permettre d'aller encore plus loin dans votre recherche.

Abeille

Ces insectes industrieux et travailleurs de la famille des Apidae ont une relation particulière avec l'humanité. Leur miel, récolté depuis des milliers d'années, est non seulement apprécié comme édulcorant et comme source d'énergie, mais a également été utilisé comme médicament et même comme conservateur. Les anciens Égyptiens disaient que les abeilles étaient apparues lorsque les larmes de Rê avaient touché le sable du désert. Les anciens Celtes les considéraient comme des intermédiaires entre ce monde et l'autre, et elles sont parfois associées au royaume des fées. Les Melissae de la Grèce antique étaient un ordre de « prêtresses abeilles » oraculaires dédiées à la déesse chtonienne Déméter. Il en existe plusieurs types différents, le plus commun étant *Apis mellifera*, l'abeille domestique occidentale (ou européenne).

Quelques idées de noms pourraient être : Beckett (« ruche », en anglais, masculin), Deborah (variante de Devorah, « abeille », en hébreu, féminin), Erlea (« abeille », en basque, féminin) et Melissa (« abeille », en grec, féminin).

Araignée

L'araignée, de l'ordre des Araneae, est souvent présente aux côtés de la sorcière, ne serait-ce que parce qu'elle est effrayante et (pour certaines) potentiellement dangereuse ! La veuve noire est peut-être la plus connue, car elle est associée à la fois à la mort et aux femmes. Uttu, l'ancienne déesse sumérienne du tissage, était symbolisée par une araignée. Dans la mythologie grecque, la tisserande Arachné avait été transformée en araignée. En Afrique de l'Ouest, Anansi est un magicien-conteur qui prend souvent la forme d'une araignée. De nombreuses cultures amérindiennes vénèrent la grand-mère araignée (ou femme araignée), qui sert souvent de guide et de mentor aux êtres humains.

Cerf (faon, biche)

Membre de la famille des cervidés, le cerf est un animal important dans le monde entier. Source de nourriture de base pour de nombreux peuples indigènes, il est un symbole de puissance et de force vitale, en particulier lorsqu'il est blanc. Les Celtes considéraient les cerfs blancs comme des messagers de l'Autre Monde et ils figurent en bonne place dans la légende arthurienne, où leur caractère éternellement insaisissable est une métaphore de la quête spirituelle de l'humanité. Les Écossais et les Irlandais les appelaient parfois « bétail des fées », un autre lien avec l'Autre Monde.

Si le lièvre est une créature lunaire, le cerf (ou le daim) est souvent associé au Soleil. De nombreuses cultures ont vénéré les créatures à bois comme le cerf ou le chevreuil, un motif commun les associant au disque ou aux rayons solaires, qui représentent la puissance du Soleil.

Voici quelques idées de noms : Ayal/Ayala (« cerf »/« biche », en hébreu), Buck (en anglais) ou Oisín (« petit cerf », en irlandais).

Chat

Il est probable qu'aucun autre animal ne soit autant associé à la sorcellerie dans l'esprit populaire que *Felis catus*, le chat domestique. Les points de sorcellerie sont doublés si ce chat se trouve être noir. Je connais plusieurs sorcières qui l'ont intégré à leur nom magique, faisant ainsi entrer l'élégance et la finesse souvent associées au chat dans leur vie et leur personnalité.

Entre autres noms liés aux chats, citons : Bast (ancienne déesse égyptienne), Catherine (sans autre raison que la sonorité du nom et la forme diminutive « Cat »), Felinus (« semblable à un chat », en latin tardif, masculin), Feline (« semblable à un chat », en néerlandais, féminin), ou Grimalkin (terme archaïque pour désigner un chat ; le « Graymalkin » shakespearien était le nom de l'un des familiers des sorcières dans Macbeth).

Chauve-souris

Ces mammifères volants de l'ordre des chiroptères (en grec ancien, « main » + « aile ») sont depuis longtemps associés à la magie et à la sorcellerie. En tant que créatures nocturnes, ils ont souvent été considérés comme « démoniaques » dans les cultures dominées par le christianisme. Dans le folklore européen, ils sont parfois considérés comme des familiers des sorcières, mais leurs associations avec le surnaturel maléfique se sont trouvées renforcées lorsqu'ils ont été intégrés au folklore du vampire.

Tout n'est pas négatif, cependant. Dans les mythologies perse et chinoise, les chauves-souris représentent la longévité et la bonne fortune. Les anciens Égyptiens croyaient que les chauves-souris pouvaient guérir divers maux, et les anciens Celtes considéraient qu'il portait malheur d'en tuer une, et qu'elles étaient un présage de beau temps si on les voyait voler au coucher du soleil.

Résidant souvent dans des grottes et des tunnels obscurs, ce sont des créatures de la liminalité, émergeant des « enfers » au crépuscule. La fable d'Ésope « La chauve-souris et les deux belettes » illustre ce phénomène en opposant tour à tour une chauve-souris sans méfiance à deux belettes : l'une est l'ennemie de tous les oiseaux, l'autre de toutes les souris. La chauve-souris a pu s'en sortir indemne en revendiquant l'identité opposée à celle que son agresseur détestait.

Les termes en vieil anglais pour désigner une chauve-souris, *flittermouse* et *fluttermouse* (littéralement « souris volante »), illustrent bien cette approche « ni l'un ni l'autre » de la chauve-souris et proviennent du mot allemand pour chauve-souris, *Fledermaus*. Bien que cela sonne beaucoup mieux à mon oreille, je suppose que Gotham ne se sentirait pas aussi en sécurité avec Fluttermouseman comme protecteur. Avec tout le respect dû à Shakespeare, il me semble qu'une chauve-souris, si elle portait un autre nom, n'inspirerait pas autant de crainte[39].

Voici quelques noms de chauves-souris : Centurio (la « chauve-souris au visage ridé » d'Amérique centrale), Desmodus (un genre de chauve-souris qui contient des chauves-souris vampires), Myskia (« chauve-souris », en vieux suédois, féminin) et Vespertilio (« chauve-souris », en latin).

Chèvre/bouc

Si le chat occupe la première place dans l'imaginaire populaire des sorcières, ce membre du genre *Capra* le suit de près. Rendu populaire récemment par le portrait de Black Phillip dans le film *The Witch* (2015), dans les récits de procès de sorcières le bouc peut être le diable lui-même ou, comme tant d'autres sur cette liste, transporter les sorcières au sabbat en volant. (Ça c'est un bouc !) Avec sa barbe et ses cornes, le bouc est un

39. NdT : Allusion à la citation célèbre de Roméo et Juliette : « A rose by any other name would smell as sweet », c'est-à-dire que les roses conservent leur odeur, quel que soit le nom qu'on leur donne. Shakespeare prend ici le parti des nominalistes (qui considèrent que les noms ne sont que des conventions humaines) par opposition aux essentialistes (qui considèrent que les noms véhiculent l'essence de ce qu'ils désignent) dans la querelle des universaux.

parfait symbole du Dieu cornu. La divinité occulte nommée Baphomet est souvent représentée avec la tête d'un bouc, une torche enflammée entre ses cornes, représentant l'équilibre entre la nature profonde et l'illumination mentale comme chemin vers le pouvoir magique.

Quelques noms de chèvres : Aran (« chèvre sauvage », en hébreu biblique), Azazel (« bouc émissaire », en hébreu biblique), Giles (« jeune chèvre », en anglais), Heidrun (une chèvre de la mythologie nordique qui mange les feuilles de l'arbre de vie et produit de l'hydromel dans son pis. Cul sec !) et Pan (mythologie grecque).

Chien

Canis familiaris est peut-être le meilleur ami de l'homme, mais, au Moyen Âge, le chien noir que l'on rencontrait pouvait très bien être le diable. Les puritains croyaient que le Prince des ténèbres prenait parfois la forme d'un chien noir. En remontant plus loin dans le temps, nous apprenons que les chiens étaient liés à deux des déesses sorcières le plus importantes : Diane et Hécate. Les chiens sont associés à la protection, à la loyauté et à la compagnie. Certes, l'utilisation du mot « chien » comme nom peut sembler plutôt banale (bien que je l'aie entendu utilisé de manière créative dans la communauté païenne à plusieurs reprises), mais on pourrait envisager d'autres mots pour cette catégorie, comme « molosse », « limier » ou même « chiot », bien que ce dernier terme puisse vous valoir des froncements de sourcils (et peut-être des questions potentiellement gênantes) de la part des personnes familières d'une certaine communauté fétichiste.

Voici quelques noms associés à des chiens : Cailean (« petit chien, jeune chien », en écossais), Catellus (« jeune chien, chiot », en latin tardif), Cerbère (mythologie grecque), Cúchulainn (« chien de Culann », mythologie irlandaise) et Tanguy (« chien de feu », en breton).

Chouette/hibou

Cet oiseau de l'ordre des Strigiformes est un chasseur silencieux réputé ; en rencontrer un en action est une expérience à la fois belle et étrange. Un symbole de sagesse pour les Grecs de l'Antiquité, qui voyaient dans la chouette une compagne d'Athéna, déesse de la sagesse. Les Romains considéraient la chouette comme un héraut de malheur dont le hululement annonçait une mort imminente, car on croyait qu'il s'agissait de sorcières transformées qui chassaient le sang des bébés. Blodeuwedd (« visage de fleurs »), un personnage du *Mabinogion* de la mythologie galloise, était célèbre pour avoir été transformée en chouette. Cet oiseau est également associé à la Cailleach et à l'Autre Monde.

Voici quelques noms de chouettes et de hiboux : Gufo (« chouette », en italien), Strix (« chouette effraie », en latin), Noctua (« chouette/hibou », en latin), Sowa (« chouette », en polonais) et Ulchabhán (« chouette », en irlandais).

Coq/paon

Le coq est depuis longtemps associé à la sorcellerie. Parce qu'il a des liens avec le bien, la lumière de l'aurore et le Soleil, à l'époque des procès de sorcières on a parfois dit qu'il constituait le sacrifice préféré de celles-ci, qui en tuant ce noble animal offensaient Dieu. Dans le *Malleus Maleficarum* (1486), on peut lire que les sorcières émasculaient leurs victimes en volant le membre viril d'un homme et en le mettant (encore vivant) dans un nid d'oiseau, le gardant ainsi comme un animal familier.

Un mythe médiéval raconte que le chant d'un coq pouvait anéantir un basilic. Ce mythe est similaire à un autre du folklore européen qui affirmait que ce son faisait fuir le diable. Il est clair que le chant du coq qui salue l'aube par instinct est une métaphore pour la lumière qui chasse les ténèbres.

Un autre oiseau mâle populaire dans la mythologie mondiale est le paon (genre *Pavo*). Cet oiseau au plumage magnifique a été associé à la beauté, à la fierté, à la vision, au ciel, à la transformation et au libre arbitre. D'un point de vue mythologique, il occupe la même place que le Phénix et incarne donc également l'essence de l'immortalité. Pour les Yézidis, le paon est le symbole de Melek Taus, l'ange paon et seigneur de la Terre.

Voici quelques idées de noms possibles : Alectryon (« coq », mythologie grecque ancienne ; transformé en animal pour faire défaut au dieu Arès), Altaawus (« paon », en arabe), Gallus (surnom romain signifiant « coq » en latin), Mayur (« paon », en sanskrit), Pagóni (« paon », en grec) et Pavo (« paon », en latin).

Corneille/corbeau

Ces oiseaux du genre *Corvus* (qui signifie « corbeau » en latin) sont des créatures d'une intelligence remarquable et ont de nombreuses associations historiques avec la magie, la sorcellerie et l'autre monde. En tant que charognards, ces oiseaux sont souvent associés dans les mythologies européennes à la mort et aux mauvais présages. Pour de nombreuses cultures amérindiennes, le corbeau a créé le monde. Le dieu nordique Odin a deux corbeaux, Huginn et Muninn (« pensée » et « mémoire », respectivement), qui lui livrent des informations en provenance des divers mondes. Les Grecs anciens associaient le corbeau à Apollon et à la prophétie. Les anciens Celtes associaient les corbeaux et les corneilles aux déesses de la bataille et de la souveraineté, Morrigan, Badbh et Macha.

Parmi les noms associés à ces oiseaux, citons : Bran (« corbeau », en irlandais/gallois, masculin), Branwen (« beau corbeau », en gallois, féminin), Brennus (« prince », « roi » ou « corbeau », en gaulois latinisé), Corbin (« corbeau », en anglais), Hrafn (« corbeau », en vieux norrois), Hrafnhildr (« corbeau de combat », en vieux norrois, féminin), Koronis (« corbeau », dans la mythologie grecque, mère du dieu Asclépios), Raban (« corbeau », en germanique ancien) et Vasco (« corbeau », en espagnol et peut-être d'origine basque).

Grenouille/crapaud

Parce qu'ils subissent une métamorphose en passant de l'état de têtard à l'état adulte, ces amphibiens de l'ordre des Anura (en grec ancien, « sans queue ») sont de puissants symboles de transformation. Dans la tradition Faery d'Anderson, il est suggéré d'en placer une représentation sur son autel. Comme les amphibiens sont des créatures qui vivent entre les mondes (dans ce cas, la terre et l'eau), ils sont un esprit animal puissant pour ceux d'entre nous qui voyagent régulièrement vers d'autres plans dans le monde astral. En tant que tels, ils sont également liés au peuple des fées, qui sont elles aussi des êtres liminaux.

La taxonomie scientifique ne fait pas de distinction entre les grenouilles et les crapauds (« crapaud » est simplement le nom de certains types de grenouilles), mais dans la taxonomie populaire, on considère souvent que les crapauds (généralement des espèces de la famille des *Bufonidae*) vivent dans des zones plus sèches et ont une peau plus rugueuse. C'est eux spécifiquement qui sont mentionnés dans le folklore de la sorcellerie traditionnelle européenne.

Le crapaud apparaît dans certains récits des procès de sorcellerie, généralement en tant que familier de la sorcière. Certains crapauds sont venimeux (et certaines de leurs sécrétions sont même hallucinogènes), ce qui en fait des compagnons de choix pour un fabricant de potions et d'infusions, et ils sont donc associés à la magie et à la sorcellerie depuis des millénaires.

Les os d'un crapaud étaient censés être imprégnés de pouvoirs spéciaux, selon l'*Histoire naturelle* de Pline, qui donne le premier compte-rendu du tristement célèbre « rite de l'os de crapaud », un rituel macabre consistant à tuer un crapaud, à le placer dans une fourmilière pour le dépouiller de sa chair, puis à jeter les os dans un ruisseau la nuit de la pleine lune[40]. Il était recommandé de ne jamais quitter les os des yeux de peur de perdre le pouvoir, et de rechercher en particulier l'os qui se détache et « remonte le courant ». Cet os était censé conférer des pouvoirs magiques à son propriétaire. D'autres variantes parlent de deux os magiques, l'un utilisé pour provoquer et l'autre pour contrôler.

Cela dit, il est déconseillé de faire du mal aux crapauds : mieux vaut s'allier à leur esprit en leur fournissant un habitat sûr pour qu'ils puissent

---

40. Chumbley (Andrew D.), *The Leaper Between: An Historical Study of the Toadbone Amulet; its forms, functions, and praxes in popular magic*, archive.org, 2001, http://web.archive.org/web/20041015023500/http://www.the-cauldron.fsnet.co.uk/toad.htm

vivre en paix. Vous pourriez par exemple construire une maison pour crapauds dans votre jardin. Vous vous feriez un allié magique, et votre jardin serait débarrassé des insectes et des limaces ! Tout le monde y gagnerait.

Lièvre/lapin

Appartenant à la famille des Léporidés de l'ordre des lagomorphes, le lapin et le lièvre sont depuis très longtemps associés à la magie, à la sorcellerie et à l'autre monde. Le lapin est le symbole de la fertilité, de la vigilance et de la rapidité d'action, ainsi que du déplacement entre les mondes, car il vit dans des terriers souterrains (c'est-à-dire dans le monde souterrain). Il est également associé au monde supérieur, plus précisément à la Lune, sur laquelle on peut voir, dans les motifs sombres, l'image d'un lapin. Ce « lapin de la Lune » est une figure issue du folklore chinois et est souvent représenté en train de manier un mortier et un pilon. Certaines cultures amérindiennes, comme celle des Cris, parlent également d'un « lapin de Lune », une similitude qui se serait développée indépendamment de la croyance asiatique[41].

Ēostre ou Ostara, la déesse germanique de la fertilité et du renouveau, est fortement associée à cet animal, et c'est probablement la déesse la plus populaire, bien qu'elle soit inconnue de la société dans son ensemble, car son nom et ses symboles (lapins et œufs) ont été adoptés par la célébration chrétienne de Pâques (Easter, en anglais).

On dit parfois que les sorcières se rendent à leurs sabbats secrets sous la forme d'un lièvre (aussi associé à la Lune), et il existe des histoires dans lesquelles un chasseur, après avoir tué un lièvre, découvre qu"il a en fait abattu une vieille sorcière, qui a repris forme humaine à sa mort. Dans *Irish Fairy and Folk Tales* (1892) de W. B. Yeats, on trouve le récit d'un chasseur qui tire sur un lapin et qui suit la trace de sang « jusqu'à la porte de Katey MacShane », et le trouve en train de saigner de sa blessure. On

41. Koren (Marina), « The Moon Is a Rorschach Test for Humankind », *The Atlantic*, 9 juillet 2018, https://www.theatlantic.com/science/archive/2018/07/the-man-in-the-moon-or-the-rabbit-or-toad-or-or-or/563450/

dit qu'Isobel Gowdie se transformait en lièvre grâce à la formule suivante, divulguée dans l'une de ses confessions :

J'irai sous forme de lièvre
Avec un soin très grand
Et j'irai au nom du diable,
Et je rentrerai chez moi.

Voici quelques noms associés au lapin ou au lièvre : Harley (« lièvre » + « clairière », en anglais), Shashi (nom traditionnel de la Lune, qui signifie littéralement « ayant un lièvre », en hindi), et Ukaleq (« lièvre », en groenlandais).

Loup

S'il ressemble au chien par certains côtés, *Canis lupus* occupe une place beaucoup plus importante dans les mythologies du monde entier. Il est souvent associé à la Lune, à la mort, au pouvoir primitif et à la sorcellerie. Les Romains de l'Antiquité utilisaient le loup comme symbole en référence à la louve qui aurait protégé et allaité les jumeaux Romulus et Remus, qui allaient fonder Rome. Pour les anciens Celtes, le loup était parfois associé à la déesse Morrigan, reine de la bataille et de la guerre. Pour certains Amérindiens (en particulier les Shoshones), le loup est un porteur de vie, à qui l'on attribue la création de la Terre elle-même[42], tandis que les Navajos craignent les loups, croyant qu'il s'agit de « changeurs de peau », des sorciers métamorphes cherchant à faire du mal[43]. Les contes nordiques parlent du monstrueux loup Fenrir, que l'on dit lié jusqu'au Ragnarök (la fin du monde), où il se libérera et dévorera le soleil[44].

42. « Native American Wolf Mythology », Native Languages of the Americas, http://www.native-languages.org/legends-wolf.htm

43. Sinn (Shanon), « Wolf Myths and Folklore from Around the World », *Folklore Thursday* (blog), 20 février 2020, https://folklorethursday.com/myths/the-wolf-in-folklore-and-myth-around-the-world/

44. « Fenrir, Norse Mythology », Encyclopedia Britannica, https://www.britannica.com/topic/Fenrir

Le loup est un animal de meute avec une aptitude sociale très développée. Il s'accouple souvent pour la vie et élève collectivement ses petits. Un « loup solitaire » est généralement celui qui a été exclu de sa meute pour diverses raisons ou celui qui est à la recherche d'un nouveau territoire.

Parmi les noms associés aux loups, citons : Conan (« chien de chasse, loup », en irlandais), Cuán (« petit loup », en irlandais), Eyolf (« loup chanceux », en inuit), Faolán (« petit loup », en irlandais), Fenrir et Fenris (mythologie nordique), Lupus (« loup », en latin), Randolph (« bouclier » + « loup », en anglais), Wolfram (« loup + corbeau », en allemand), Wolfrun (« loup » + « secret/mystère », en anglo-saxon, féminin) et Ylva (« louve », en suédois).

Certaines formes de sorcellerie associent le loup et le cerf, représentant respectivement la moitié sombre et la moitié claire de l'année.

Serpent

De l'ordre des *Squamata*, le serpent est un ancien symbole de la déesse primordiale. Il peut représenter la sagesse, le renouveau, l'immortalité, les cycles, la régénération, mais aussi le danger, le poison et la mort. Le serpent est souvent associé à la guérison, car son venin peut être transformé en médicament.

La mythologie regorge de figures de serpents fantastiques, comme le Léviathan, les Nāgas, ou encore le serpent du jardin d'Eden, chacun ayant son propre pouvoir et son propre message.

Parmi les noms associés aux serpents, citons : Draco (« serpent, dragon », en grec ancien), Drake (« dragon, serpent », en anglais), Evren (un énorme dragon serpentiforme dans la mythologie turque), Medusa (mythologie grecque), Nagendra (« Seigneur des serpents », en sanskrit), Ophiuchus (« porteur de serpent », en grec latinisé) et Tanith (« dame serpent », nom de la déesse de l'amour phénicienne ; mythologie sémitique).

Le règne végétal

Les plantes sont depuis longtemps associées à la sorcellerie. Pensez à toutes les potions et concoctions à base de plantes qui font depuis des millénaires partie des récits de sorcellerie. Les plantes vénéneuses y tiennent souvent la première place, mais il en existe d'autres qui sont tout aussi importantes pour leurs propriétés curatives, spirituelles ou magiques.

Comme pour les noms d'animaux, nous pouvons nous inspirer des noms de famille et de genre, et du folklore qui leur est associé, quand nous voulons adopter le nom d'une plante.

La majorité des références folkloriques que nous avons pour beaucoup de ces plantes proviennent d'Europe. Bien qu'il s'agisse d'un excellent point de départ pour beaucoup d'entre nous, si vous ne vivez pas en Europe, il est tout aussi important d'étudier les traditions spécifiques à la région où vous vivez, qui concerneront probablement différents types de plantes et donc d'autres croyances. Rappelez-vous qu'en fin de compte la sorcellerie est une voie de la Terre, et que vous devez vous construire et développer votre pratique en fonction de l'endroit où vous vivez. Tout le reste n'est qu'un exercice académique et n'aura qu'un résultat pratique limité.

Un mot d'avertissement : Certaines plantes sont dangereuses et ne doivent pas être prises en interne. Certaines, comme l'aconit tue-loup, peuvent même empoisonner par contact avec la peau. Veuillez consulter un médecin ou un herboriste médical avant d'ingérer toute plante qui n'est pas vendue comme aliment, et soyez prudent lorsque vous manipulez une plante qui ne vous est pas familière.

Absinthe

Pour les Grecs anciens, cette plante toxique était associée à l'immortalité et elle est souvent utilisée dans les potions pour les rêves et les visions. Elle stimule l'imagination, ce qui en fait une alliée parfaite pour le travail de transe et les voyages chamaniques. Son nom botanique, *Artemisia absinthium*, révèle un lien avec Artémis, déesse de la chasse et protectrice de la forêt. Principal ingrédient de la boisson du même nom, l'absinthe est à l'origine de la « fée verte » qui lui est associée.

Aubépine

Avec le prunellier et le sorbier, l'aubépine (*Crataegus monogyna*) forme une triade d'arbres des fées qui occupent une place centrale dans la tradition Faery. Chacun d'entre eux est censé interagir d'une certaine façon avec le royaume féerique, en général en donnant accès à l'Autre Monde, souvent au grand dam de l'humain concerné. On dit que des buissons isolés d'aubépine poussent là où vivent les fées, et certains fermiers irlandais les laissent donc pousser sans les déranger, de peur de s'attirer la colère des fées. Dans l'ancien calendrier julien, cet arbre fleurissait autour du premier mai, ce qui lui valait le nom populaire d'« arbre de mai » et une association avec les rites de Beltane. Depuis le passage au calendrier grégorien, cette date est passée au 12 mai.

Hawthorne (« aubépine », en anglais) est un nom de famille irlandais désignant quelqu'un qui vivait près de ces arbres ou de ces haies. Dans l'esprit du grand public, il est probablement associé au romancier américain Nathaniel Hawthorne.

Belladone

Séduisante et mortelle, cette « belle dame » est un membre toxique de la famille des morelles. *Atropa belladonna* porte des baies sombres et toxiques, appelées dans le folklore « cerises du diable » ; elle est associée à la projection astrale, aux visions et aux sorts de charme.

En raison de sa toxicité, il est déconseillé de travailler avec la plante physique à moins d'avoir reçu une formation adéquate et d'être extrêmement prudent.

Pour composer un nom, on peut utiliser des variantes de Bel, Bella, Donna, ou Nightshade (son nom anglais) ainsi que Atropa/Atropos (le genre de la plante), qui est aussi le nom de l'une des trois Moires de la Grèce antique, les trois sœurs qui filaient la vie et le destin. Si Clotho filait le fil de la vie et que Lachésis en mesurait la longueur, c'est Atropos, « la Dévoileuse », qui le coupait, mettant ainsi fin à la vie.

Bouleau

Genre *Betula*. Avec son écorce blanche, il n'est pas étonnant que ce bel arbre soit parfois appelé la « Déesse blanche ». La mythologie celtique l'associe aux nouveaux départs, à l'illumination et à la purification, et son bois était souvent choisi pour constituer le mât de mai à Beltane. Les brindilles sont utilisées pour faire un balai de sorcière et offrent une protection contre les mauvais esprits et contre les enlèvements par les fées. Le bouleau porte le bonheur dans le mariage.

Noms associés : Barclay (« bois de bouleau », en vieil anglais, masculin), Björk (« bouleau », en islandais, féminin) et Ritva (« branche de bouleau », en finlandais, féminin).

Chêne

Plusieurs cultures anciennes, notamment les Grecs, les Romains, les Celtes et les Scandinaves, avaient une affinité pour cet arbre robuste à croissance lente. Le puissant chêne (genre *Quercus*, qui signifie « chêne » en latin), avec ses branches majestueuses et ses glands nourrissants, est réputé apporter force, chance, santé et puissance. Dans la Grèce antique, il était associé à la prophétie. Dans les pays celtiques, le chêne était particulièrement vénéré par les druides, dont le nom signifierait « connaisseur du chêne » ou « voyant du chêne ».

Voici quelques éléments de nom en rapport avec le chêne : Elon (« chêne », en hébreu biblique), Garrick (« bosquet de chênes », en occitan), Oakley (« clairière de chênes », nom de famille anglais, popularisé par le personnage Annie Oakley).

Damiana

Turnera diffusa. Originaire d'Amérique centrale et du Mexique, cet arbuste aux larges feuilles vertes et aux fleurs jaune vif a la réputation dans l'Art d'être un puissant aphrodisiaque. Associée à Vénus et à Jupiter, la damiana est souvent citée dans les sortilèges d'amour et de luxure, et dans les opérations visant à provoquer des expériences visionnaires.

Datura

Datura stramonium. On l'appelle aussi pomme épineuse, herbe du diable, herbe aux sorciers, trompette des anges ou trompette de la mort. C'est une plante vénéneuse de la famille des morelles, associée à la divination, aux rêves, aux voyages chamaniques, à la capacité de voir les fantômes et les fées et à la rupture des malédictions.

On peut envisager des variations sur les noms vernaculaires : Bell (« clochette »), Thorn (« épine »), etc.

Frêne

Genre *Fraxinus*. Certains pensent que l'Arbre des Mondes de la mythologie scandinave, Yggdrasil, qui relie les cieux au monde souterrain, était un frêne. Les anciens Scandinaves croyaient également que le premier homme avait été créé à partir d'un frêne. Associé à la divination et à la connaissance, cet arbre est réputé offrir une protection contre le feu ainsi que contre les méfaits des fées. Avec le bouleau et le saule, le frêne entre dans la fabrication du balai traditionnel des sorcières européennes : c'est le matériau traditionnel du manche du balai.

Quelques idées de nom : Ashley/Ashton, (« frêne », en anglais), Melia (mythologie grecque) et Nash (anglais, masculin).

Mandragore

Ce membre de la famille des morelles a une relation de longue date avec la sorcellerie, et c'est l'une des plantes magiques les plus reconnaissables dans la tradition des sorcières européennes. Une racine entière ressemble à un corps humain et peut être utilisée comme poupée magique. On dit qu'elle protège la maison et qu'elle peut même agir comme un familier. Totalement différente de la mandragore américaine (appelée « pomme de mai » ou *Podophyllum peltatum*), la mandragore « vraie » (*Mandragora officinarum*, parfois appelée « pomme du diable ») a des propriétés hallucinogènes ; elle était même utilisée dans l'Antiquité comme anesthésiant en chirurgie.

Parmi les éléments de noms possibles figurent : Alraun (folklore allemand ; une effigie magique créée à l'aide d'une racine de mandragore) et Drake (« dragon », en anglais).

Prunellier

Avec le sorbier, cet arbre (*Prunus spinosa*) fait partie de la famille des Rosacées. Mais alors que le sorbier était associé à la protection, le prunellier avait une réputation un peu plus sombre en ce qui concerne ses utilisations magiques. Ce bois et ces épines peuvent être utilisés pour jeter des sorts ou des malédictions, mais aussi être utilisés pour les rompre. Les épines en particulier peuvent être utilisées pour la malédiction, traditionnellement en piquant une poupée ou une image représentant la victime. Consacré à la déesse noire, le prunellier est associé à la magie martiale ainsi qu'à la mort. Le folklore chrétien identifie cet arbre à la sorcellerie.

On peut penser à inclure dans un nom des éléments signifiant « noir » (comme l'anglais Blake ou l'irlandais Ciara) ou « épine » (le grec Acantha ou l'anglais Thornton), pour rappeler son nom anglais Blackthorn (« épine noire »).

Rosier

Ahh, la rose au parfum si doux. Nulle autre fleur n'a peut-être occupé une place aussi importante dans le symbolisme occulte. Alors qu'en Orient le lotus, avec ses nombreux pétales déployés, est un symbole courant de l'éveil spirituel, en Occident cette place est occupée par la rose, qui a la même signification occulte. De nombreux ordres ésotériques (notamment le Rosicrucianisme et ses ramifications) ont adopté ce symbole, et son utilisation remonte aux cultures égyptienne et grecque antiques. L'expression latine *sub rosa* ou « sous la rose » fait référence à des activités cachées ou privées, et trouve ses origines dans la mythologie grecque, dans une histoire où Éros a donné une rose à Harpocrate, le dieu du silence, pour l'empêcher de révéler les indiscrétions de la déesse Aphrodite[45] .

Les Grecs anciens voyaient dans cette fleur un lien avec Aphrodite, déesse de l'amour. Le christianisme a associé la rose à la Vierge Marie (la « Rose mystique » ou « Rose sans épines ») et a finalement conduit à la pratique du rosaire, qui lui doit son nom.

Voici quelques noms liés à la rose : Rhoda (dérivé du grec *rhodon* signifiant « rose »), Rhosyn (« rose », en gallois moderne), Roosevelt (nom de famille néerlandais signifiant « champ de roses ») et Vardan (dérivé de l'arménien *vard*, signifiant « rose », masculin).

Saule

Cet arbre beau et souple est associé à la poésie, aux rêves, aux visions et au sommeil. On dit qu'Orphée a emporté des branches de saule dans sa quête dans le monde souterrain ; cet arbre est donc également associé au deuil et à la perte. Le balai des sorcières est traditionnellement lié avec des tiges souples de saule. Le saule (*Salix alba*) préfère les sols humides et on le trouve souvent près des lacs et des étangs.

L'écorce de saule était utilisée comme antidouleur (elle contient les composés chimiques utilisés pour fabriquer l'aspirine). C'est un arbre qui pousse rapidement et se propage assez facilement si une branche est mise dans l'eau ou dans le sol, ce qui l'associe au renouveau et à l'immortalité.

Outre le prénom anglais Willow et le nom de famille Wilton, les noms apparentés comprennent : Iva (« saule », en slave du sud), ou Vide (« saule », en suédois).

Sorbier

Selon les anciens Scandinaves, la première femme a été créée à partir de cet arbre du genre *Sorbus* (apparenté au rosier). Le folklore des îles britanniques lui attribue la capacité de protéger magiquement contre la

45. « Sub rosa », *Merriam-Webster.com*, https://www.merriam-webster.com/dictionary/sub%20rosa

magie maléfique et la sorcellerie. En particulier, ses baies sont censées protéger contre les enchantements, et il existe des associations entre cet arbre et les fées. Ainsi, en Irlande et dans les Highlands d'Écosse, on considérait que cela portait malheur d'abattre un sorbier : on risquait de mettre en colère le peuple des fées.

Le nom Rowan (« sorbier ») est unisexe et n'est pas rare en anglais, avec des variantes comme Roan, Ruadhán, et Ruadh, dérivé de l'irlandais « petit rouquin » en référence aux baies rouge vif du sorbier. En outre, on peut considérer Pihla, qui vient du finnois et signifie « sorbier ».

Sureau

Ce membre du genre *Sambucus* de la famille des Adoxaceae produit des baies sucrées qui sont toxiques si elles sont ingérées crues, mais dont on peut faire du vin, de la liqueur et des médicaments si on les cuit.

Le folklore rapporte la croyance selon laquelle une sorcière peut se transformer en sureau ; et les sorcières d'Irlande utilisaient des bâtons de sureau à la place de balais. Dormir sous un sureau au milieu de l'été était réputé donner des visions de fées. Le vin fait à partir des baies peut être utilisé pour accorder des visions. Cet arbre est associé aux fées, à la prospérité et à la protection. Figure folklorique celtique, la mère sureau (ou mère elfe) est un esprit gardien dont on dit qu'il réside parmi les racines du sureau et protège les terres avoisinantes. Dans le folklore européen, on estime qu'abattre cet arbre, brûler son bois ou même l'apporter dans la maison porte malheur ; mais cette interdiction ne semble pas exister dans les traditions folkloriques d'Amérique du Nord : dans le Hoodoo, il est utilisé dans la maison pour la protection.

Le nom Elwood signifie « forêt de sureau » et est dérivé du vieil anglais.

Le règne minéral

Dans les profondeurs obscures de la Terre, les cristaux, les minéraux, les métaux et les pierres jouent également un rôle important dans le monde de l'Art. Comme toute tradition reposant sur une base animiste, nous considérons que les pierres et les métaux sont vivants à leur manière. De nombreux praticiens spirituels se connectent à leur force pour améliorer leur travail et leur compréhension de la nature, car on peut puiser dans leurs énergies pour construire sa *persona* magique. En voici quelques-unes pour vous aider à démarrer. N'oubliez pas qu'il ne s'agit que d'une liste sommaire, destinée à vous inciter à rechercher ce qui vous parle vraiment.

Aimant

Il s'agit d'un morceau de fer naturellement magnétique, appelé à juste titre « magnétite ». Ces pierres entraient dans la fabrication des premières boussoles, qui aidaient les voyageurs à tracer leur route.

Cependant, toutes les magnétites ne sont pas capables de maintenir un champ magnétique ; seule une petite partie de la magnétite terrestre peut vraiment être placée dans la catégorie « aimant ». Le champ magnétique terrestre étant trop faible pour magnétiser ces pierres par lui-même, la principale théorie est que ces pierres ont été magnétisées par la foudre, une théorie également étayée par le fait que ces pierres se trouvent près de la surface de la Terre et non en profondeur.

Sur le plan magique, ces pierres sont utilisées pour l'attraction. On peut les placer sur l'autel avec un symbole de ce que l'on désire. Dans la tradition populaire, elles sont considérées comme des êtres vivants et sont souvent nommées et « nourries », généralement en les saupoudrant de « nourriture à aimant » (généralement de la limaille de fer). Il est également d'usage de les laver, en général avec du whisky ou une autre substance alcoolisée comme de l'eau de Cologne, avant de les nourrir. Certains adeptes du Hoodoo américain suggèrent d'effectuer cette opération chaque semaine, et surtout le vendredi lorsqu'il s'agit de questions d'argent ou d'amour.

Les noms suggérant le « voyage » ou l'« attraction » peuvent être particulièrement en lien avec la pierre d'aimant : Adalfarus (« noble voyage », en ancien germanique), Ferdinand (dérivé de l'espagnol, signifiant « voyage courageux »), Galilahi (« attrayant », en cherokee), ou Isra (« voyage nocturne », en arabe).

Ambre

Cette résine d'arbre fossilisée est utilisée depuis longtemps pour la fabrication de bijoux et d'autres objets décoratifs et sacrés. Contenant parfois des insectes pris au piège, l'ambre était censée être un réservoir de force vitale brute et offrir à la fois protection et guérison à celui qui la portait.

Dans la Wicca traditionnelle, la grande prêtresse porte un collier composé de perles d'ambre et de jais alternées. L'ambre et le jais sont uniques parmi les pierres précieuses, car ils peuvent produire une charge électrique négative, attirant ainsi les particules chargées positivement. Pour cette raison, ils ont été très prisés par les magiciens et les sorciers à travers les âges.

Parmi les noms possibles, citons Dzintars (« ambre », en letton, masculin), Elektra (de *elektro* signifiant « ambre » ou « soleil brillant », féminin ; également un personnage de la mythologie grecque) ou Inbar (« ambre », en hébreu, féminin).

Améthyste

Son nom vient du grec *amethystos*, qui signifie « non ivre », en référence à la pratique grecque ancienne qui consistait à porter cette pierre pour éviter l'ivresse. Elle aurait été formée lorsque Bacchus (Dionysos), dieu du vin et de l'extase, a renversé son célèbre breuvage sur du quartz, le teintant de pourpre. Les praticiens modernes l'utilisent souvent pour le développement spirituel et le travail visionnaire, pour se rappeler de leurs rêves, et même pour calmer les colères et apaiser les mauvaises humeurs.

Les éléments du nom peuvent inclure de simples variantes de ce mot ou d'autres termes qui font référence à la couleur violette, comme hyacinthe, indigo ou violet.

Argent

Si l'or est le Soleil, l'argent est sans aucun doute la Lune. Souvent cité dans la littérature occulte comme le métal de la pureté, l'argent était censé protéger de la magie maléfique et de l'empoisonnement. Utilisez de l'argent dans les rites qui invoquent la sphère lunaire ainsi que dans les rites de rêve et de projection astrale.

Ce métal précieux est désigné sur le tableau périodique des éléments comme Ag pour le latin *argentum*, qui signifie « brillant » ou « blanc ». Le folklore rappelle que ce métal doit être utilisé contre les créatures malveillantes, comme les loups-garous et les sorcières, et dans la magie populaire américaine il est utilisé pour détecter et protéger des malédictions (appelées *hexes* dans cette tradition).

Dans la mythologie irlandaise, le rameau d'argent semble occuper la même place symbolique que le rameau d'or de la mythologie classique : le cadeau d'une puissance d'un autre monde à un humain, véhiculant les pouvoirs de la vie et de la lumière. Le rameau d'argent est associé à la reine des fées.

En plus des différentes orthographes du mot lui-même, on peut citer les autres noms suivants pour l'argent : Argyros (grec, masculin), Lujayn (arabe, féminin) et Sterling (anglais, masculin).

Cristal de quartz

Considéré par les Grecs anciens comme de la glace devenue permanente avec le temps (*krystallos* signifie « glace »), le cristal de quartz est utilisé dans les milieux spirituels pour amplifier l'intention d'une personne, en concentrant la conscience en un point semblable à un laser. On dit qu'il est capable d'enregistrer et de contenir les émotions, les pensées et la sagesse.

Il y a beaucoup de variantes féminines du nom Cristal, mais je n'ai pu en trouver qu'une seule qui soit masculine : Kailash (le nom d'une montagne de l'Himalaya qui serait la demeure de Shiva et qui pourrait signifier « cristal » en sanskrit). Des jeux de noms centrés sur la glace ou la pierre seraient également appropriés ici.

Cuivre

Le cuivre est l'un des plus anciens métaux extraits et utilisés en métallurgie. On s'en sert en bijouterie et pour fabriquer des ustensiles de cuisine depuis dix mille ans, et c'est un excellent conducteur de chaleur et d'électricité.

Le cuivre est désigné dans le tableau périodique des éléments par le terme Cu, du latin *cuprum*, du grec *kypros*, il tire son nom de l'île de Chypre, où on en exploitait dans l'Antiquité un important gisement.

Ce métal est associé à Aphrodite/Vénus et porte une vibration d'amour, d'équilibre et de fertilité. C'est un métal qui favorise l'harmonie spirituelle, émotionnelle et physique.

Le nom masculin turc Bakir signifie « cuivre ».

Fer

Peut-être le métal le plus important pour la vie telle que nous la connaissons, il fait partie intégrante de la vie des mammifères, des reptiles et des oiseaux, formant l'hémoglobine de notre sang. Il est au cœur du noyau de la planète et cette connaissance nous rappelle que nous sommes tous des extensions de la planète. C'est un métal particulièrement dur qui ne fond qu'à très haute température, et qui est associé à Héphaïstos/Vulcain et à l'inébranlable volonté magique.

Censés protéger contre la magie des fées et des djinns, les objets en fer étaient couramment utilisés comme protection magique, qu'il s'agisse d'un fer à cheval suspendu au-dessus de la porte, d'un couteau en fer enterré sous le seuil de la porte d'entrée, d'une clôture en fer érigée autour d'un cimetière pour y maintenir les esprits des défunts, ou d'une épingle en fer placée dans le berceau d'un bébé pour l'empêcher d'être enlevé par les fées.

Outre les divinités associées à la forge, nous pourrions nous concentrer sur le fer comme métaphore de notre volonté magique, ce qui fait de noms comme William/Willa (de l'anglais *will*, « volonté ») et de leurs nombreuses variantes un choix judicieux. Autres pistes à explorer : les noms qui signifient « intellect », « caractère » ou même « force », comme Elfreda (« force d'elfe », en vieil anglais, féminin), Kratos (« pouvoir, force », en grec, masculin), Mandeep (« intellect brillant », en sanskrit, masculin), ou Shila (« caractère », en sanskrit, féminin).

Jais

Parfois appelée ambre des sorcières, cette pierre noire n'en est pas du tout une : il s'agit d'un type de charbon, né de tourbe fossilisée naturellement comprimée. Comme l'ambre, elle produit une charge électrique négative lorsqu'on la frotte, ce qui en fait une pierre très recherchée par les magiciens et les sorciers.

Dans le folklore, on dit qu'elle protège celui qui la porte et sa maison, et que lorsqu'elle est brûlée la fumée chasse les fantômes, les démons et autres esprits malveillants.

Les noms qui signifient « noir » ou « charbon » peuvent être utiles ici, comme Blake, Colby, Nerissa (« cheveux noirs », en italien) ou Kerrin (« noir », en irlandais).

Météorite

En tant que pierre tombée sur Terre depuis la sphère céleste, ces pierres ont été très prisées, car perçues comme des messagers des cieux. Également appelées « étoiles filantes », elles peuvent être utilisées pour communier avec les mondes angélique ou stellaire, pour obtenir des messages ou une vision de l'autre monde.

On peut construire un nom avec des éléments tirés de n'importe lequel des noms populaires associés ou de leurs variantes. Astra (« étoile », en grec, féminin), Astrophel (du grec signifiant « amoureux des étoiles », littérature, masculin), Danica (« étoile du matin, Vénus », en slave, féminin), Elanor (« soleil des étoiles », en sindarin – Tolkien –, féminin), Elrond (« dôme des étoiles », en sindarin – Tolkien –, masculin), Izar (« étoile », en basque unisexe) ou Seren (« étoile », en gallois, féminin).

Onyx

Cette pierre est une forme de calcédoine à bandes. Sa couleur la plus connue est le noir, mais il en existe bien d'autres : cette pierre peut se présenter dans la plupart des couleurs, du noir au brun, au rouge (appelé « sardonyx »), au blanc. La grande majorité de l'onyx noir sur le marché est colorée artificiellement.

Pierre d'ancrage et de protection, l'onyx peut servir de bouclier et procurer un sentiment de stabilité. Il agit comme une sorte de champ d'amortissement et peut temporairement réduire la libido ou calmer les colères.

Le mot latin *onyx* vient d'un mot grec signifiant « ongle », en référence à la similitude d'aspect de la pierre de couleur naturelle avec l'ongle humain.

Or

L'or a souvent été le symbole de ce qui est le plus précieux, par exemple « la marmite d'or au pied de l'arc-en-ciel » ou « le billet d'or ». Les alchimistes ont longtemps cherché le secret permettant de transformer des métaux vils comme le plomb en or, ce qui, aujourd'hui, pourrait être considéré comme une métaphore de la transformation de la nature vile d'une personne en un tout spirituel. Les anciens Égyptiens le tenaient en grande estime et le considéraient comme la chair du dieu Soleil Rê. Il est associé au Soleil, au charme, à la beauté et à l'immortalité. Dans la mythologie classique, il est associé aux dons divins par le biais du rameau d'or infusé de vie qui permet à Énée de voyager en toute sécurité dans les Enfers.

Excellent conducteur d'électricité, l'or (comme le cuivre) est un élément pur, désigné dans le tableau périodique par Au pour le latin *aurum* (qui signifie simplement « or »). Ce métal représente le Soleil et porte une vibration de victoire, de royauté. Comme il ne ternit pas et ne se décolore pas, il représente la santé et l'immortalité.

Voici quelques noms liés à l'or : Aranka (« dorée », en hongrois, féminin), Chrysostomos (« bouche d'or », épithète masculine appliquée aux orateurs talentueux de la Grèce antique), Eurwen (« or » + « beau », ou « béni », en gallois, féminin), Orinda (« or », en espagnol, féminin), ou Zlatan (« doré », nom masculin dérivé du slave *zlato*).

Pierres trouées

Elles portent plusieurs noms : pierre de vipère, pierre de sorcière, verre de druide, pierre de fée, œuf de serpent, pour n'en citer que quelques-uns. Considérées dans l'Antiquité comme ayant été formées par des serpents, ce sont des pierres qui présentent un trou naturel. Dans son *Histoire naturelle*, Pline nous dit :

> *[I]l est une espèce d'œuf très renommé dans les Gaules, et dont les Grecs n'ont pas parlé : en été il se rassemble une multitude innombrable de serpents qui s'enlacent, et sont collés les uns aux autres, tant par la bave qu'ils jettent que par l'écume qui transpire de leur corps ; il en résulte une boule appelée œuf de serpent. Les druides disent que cet œuf est lancé en l'air par les sifflements de ces reptiles ; qu'il faut alors le recevoir dans une sale sans lui laisser toucher la terre […]*[46].

Il dit ensuite qu'ils étaient censés garantir le succès dans les procès, une réputation favorable auprès des princes, et spécule que ce symbolisme pourrait avoir donné naissance au symbole du caducée.

Ils peuvent être de n'importe quelle composition et comportent un trou naturel. Ils sont prisés par les sorciers et les magiciens depuis bien avant l'histoire.

Le folklore les dépeint comme de puissantes amulettes, une des façons de faire étant de les porter pour se protéger, car elles sont censées éloigner la maladie et le mal, tandis qu'une autre consiste à regarder à travers le trou qu'elles contiennent et qui est censé donner la capacité de voir les fées et d'autres esprits du monde.

Les noms liés aux serpents ou aux déesses vieilles femmes peuvent évoquer la présence de l'une de ces pierres puissantes, tout comme les noms qui évoquent la présence de la fée ou d'autres esprits du monde.

Pierre de lune

Cette pierre est un type de feldspath et les Romains de l'Antiquité pensaient qu'elle avait été formée à partir de la lumière de la Lune solidifiée. Elle est liée dans le folklore au divin féminin et est un choix

---

46. Pline l'Ancien, *Histoire naturelle*, XXIX, 12, trad. É Littré, source : http://remacle.org/bloodwolf/erudits/plineancien/livre29.htm

parfait pour travailler avec les déesses lunaires et pour les visions et le travail sur les rêves. La pierre de lune améliore la réceptivité psychique, apaise les tensions et équilibre les cycles du corps.

Les éléments de nom qui font référence à la lune ou aux divinités lunaires sont particulièrement appropriés. Envisagez des variantes sur le nom de déesses lunaires comme Artémis et Séléné (grecques), Luna (romaine), et Ilargi (basque), ou de dieux lunaires comme Máni (nordique), Chandra (hindou), ou Sīn (mythologie mésopotamienne).

Pyrite

Tirant son nom du grec *pyros* qui signifie « feu », cette pierre était utilisée pour allumer des feux en la frappant avec du fer ou du silex. Dans la magie populaire américaine, elle fait partie d'une petite poignée de pierres utilisées presque exclusivement pour apporter la prospérité, ostensiblement en raison de sa similitude visuelle avec l'or. Ce minéral porte le nom folklorique d'« or des fous » car il ressemble à l'or et on dit qu'il a « trompé » de nombreux prospecteurs lors de la ruée vers l'or en Californie.

Les éléments de nom qui ont un rapport avec le feu ou même l'or sont appropriés ici. Ceux qui souhaitent s'inspirer du symbolisme du « fou » peuvent explorer des éléments qui évoquent les bouffons et autres clowns, voire les farceurs et les filous.

Il y a beaucoup trop d'animaux, de plantes et de pierres pour tous les inclure dans cet ouvrage (sans parler des phénomènes naturels tels que les grottes, les puits, les chutes d'eau, les sources, les geysers, les volcans, les montagnes, les vallées, les déserts, les tornades, les tempêtes, les éclairs, les nuages, le brouillard, les tremblements de terre, les tourbillons, etc.).

Vous pourriez par exemple étudier la faune locale de votre région. Des guides pratiques de terrain faciles à trouver pourront vous renseigner sur les comportements, les habitats et les habitudes alimentaires des créatures avec lesquelles vous partagez votre environnement. Vous pouvez également en apprendre beaucoup sur la flore et la composition minérale de votre région. Voyez quelles plantes et quelles pierres naturelles vous pouvez trouver autour de vous. Quelles propriétés spirituelles apportent-elles à votre terre ? Ces connaissances vous donneront une meilleure idée de leur essence particulière, et vous apprendront à vivre en harmonie avec votre région et ses habitants non humains.

En nous familiarisant avec notre terre, nous sommes mieux à même de recevoir les messages des esprits. Posez-vous la question : Qu'est-ce qui vous interpelle personnellement ? Avec quoi vous sentez-vous en phase ou en affinité ? N'essayez pas de donner un nom à cela pour l'instant.

D'ailleurs, vous n'avez pas à limiter votre inspiration à la Terre : il suffit de lever les yeux pour trouver d'autres idées…

Chapitre six :
Les étoiles dans le ciel

« Ce n'est que la nuit qu'on peut voir les étoiles. »

Rev. Dr. Martin Luther King, Jr.

discours « I've Been to the Mountaintop » (1968)

Si seulement nous pouvions voir le ciel comme nos ancêtres. Aujourd'hui, la pollution lumineuse nous empêche presque tous d'apprécier vraiment le ciel nocturne dans toute sa splendeur. Mais si vous faites partie des rares privilégiés qui vivent dans une zone rurale, loin des grandes villes et de leur « progrès », vous aurez au moins une idée de la beauté du ciel nocturne.

Je me souviens que, quand j'étais petit garçon, mon père partageait avec moi sa passion pour l'astronomie. Pendant une brève période, nous avons tous deux regardé ensemble dans son télescope la nuit, dans le cadre des cours du soir d'astronomie qu'il suivait. J'étais fasciné par ce que je voyais. Les anneaux de Saturne. Les cratères sur la Lune. Une meilleure vue de Jupiter, Vénus et Mars. Mon esprit d'enfant était émerveillé ; le ciel éblouissant semblait receler des possibilités infinies et je passais des heures allongé sur le dos à regarder les étoiles, à repérer les constellations et à rêver à la possibilité d'une vie quelque part dans le ciel.

Regarder les étoiles, c'est regarder dans le passé. Ces innombrables milliards d'étoiles sont si lointaines que leur lumière met des milliers, des millions, voire des milliards d'années à nous parvenir. Ce que nous voyons dans l'obscurité de velours d'une nuit donnée est un instantané de l'univers tel qu'il apparaissait il y a bien longtemps.

Les étoiles nous rappellent l'âge incroyable de l'univers ; elles nous disent que l'histoire de l'humanité n'est qu'un bref instant dans la grande histoire du cosmos, et qu'il existe des puissances inconcevables qui éclipsent la civilisation et l'expérience humaines, et les rendent insignifiantes.

Et pourtant, elles nous disent aussi que nous sommes faits de la même substance qu'elles, qu'elles sont la fière matrice cosmique où sont nées toute vie et toute matière. Dans cette optique, lorsque nous regardons les étoiles, nous pouvons les considérer non seulement comme de lointaines boules de gaz et d'explosions nucléaires, mais aussi comme nos ancêtres, comme l'origine même de tout ce qui est, qui était et qui sera. En ce sens, elles sont bien plus proches de nous que la distance physique ne peut le laisser entendre. Et cette proximité, à la fois physique et métaphorique, peut nous guider dans notre quête d'un nom de pouvoir et d'inspiration.

Les constellations du zodiaque : l'astrologie

Pour les peuples anciens, astrologie et astronomie ne faisaient qu'un. De l'ascension et de la chute de certaines constellations à l'observation des éclipses et des phases de la lune, les astronomes de l'Antiquité enregistraient minutieusement les mouvements de la sphère céleste et établissaient des associations entre les positions des étoiles et des planètes et l'ascension et la chute des royaumes, des empires et des civilisations, et s'en servaient même pour guider leur vie spirituelle. La mythologie liée à certaines constellations jouait également un rôle essentiel dans la vie quotidienne, en indiquant le bon moment pour planter ou récolter les cultures, abattre le bétail ou partir à la recherche d'un meilleur terrain de chasse.

Si l'astrologie ancienne était davantage axée sur la vie des rois et des royaumes, l'astrologie moderne a largement déplacé le centre d'intérêt principal des influences cosmiques sur l'individu. Les différents systèmes d'astrologie sont une sorte de langage céleste que nous pouvons utiliser pour mieux discerner les énergies fondamentales en jeu dans toute chose donnée, y compris notre propre nature intérieure.

Lorsque nous examinons notre carte du ciel astrologique, nous voyons une carte des cieux tels qu'ils apparaissaient au moment de notre naissance, centrée sur notre position sur Terre. Elle nous donne une empreinte assez unique des énergies célestes en jeu à ce moment précis, ce qui, en termes astrologiques, donne un modèle d'énergies qui décrit notre être intérieur. Bien qu'aucun modèle ne puisse nous décrire de manière absolue, l'astrologie nous donne un aperçu qui peut nous aider à décrire notre personnalité (et notre ombre) et nous fournir un moyen d'ajuster nos réactions. En bref, c'est un guide utile qui peut nous guider dans nos voyages intérieurs.

Si vous n'avez pas encore fait faire votre thème astral, il existe plusieurs outils facilement disponibles qui peuvent le faire pour vous, souvent gratuitement. TimePassages est une application populaire pour smartphone qui peut le faire, et il en existe une version gratuite. Vous pouvez également vous rendre sur le site de Cafe Astrology[47,48], qui propose un service gratuit permettant de générer un thème astral et de vous donner une description rudimentaire de ce que chacune des positions signifie pour vous. Vous n'avez besoin que de votre date, de votre heure et de votre lieu de naissance. Une fois votre thème prêt, vous verrez que vous êtes bien davantage que votre signe solaire.

Les positions de votre Soleil, de votre Lune et de votre signe ascendant sont de la première importance. Vous verrez également que chaque planète du système solaire est représentée dans votre thème. Prises ensemble, elles décrivent comment leurs énergies particulières sont canalisées dans votre vie spécifique. Par exemple : le Soleil représente votre ego, votre conscience et votre personnalité, tandis que la Lune est votre inconscient et vos émotions. Le signe ascendant est la façon dont vous êtes souvent perçu par les autres, le visage que vous présentez au monde. Il s'agit de la triade primaire, mais votre thème complet vous en dira bien plus.

Chaque thème est un cercle divisé en douze maisons qui régissent certains domaines de la vie. Dans ces maisons, les différentes planètes de notre système solaire manifestent différents aspects de nous-mêmes. Le signe dans lequel elles se trouvent détermine comment leurs énergies se traduisent. Mercure représente l'intellect et la communication. Vénus représente l'amour, les relations, l'art et la beauté. Mars représente l'énergie, la passion, l'affirmation, l'agression et le sexe. Jupiter est

47. « Free Astrology Birth Chart Report », Cafe Astrology, https://astro.cafeastrology.com/natal.php

48. NdT : Astroo est une application en français d'usage aisé ; le logiciel gratuit à télécharger StartFisher également.

l'expansion, la croissance, l'abondance, la philosophie, la philanthropie et la chance. Saturne représente la discipline, la restriction et la structure. Uranus représente l'excentricité, l'imprévisibilité et même la rébellion. Neptune représente les rêves, les illusions, le mysticisme et la tromperie. Pluton est la transformation, la mort et la renaissance.

Chaque planète peut être considérée comme une source d'influences et d'énergies très spécifiques qui sont projetées dans nos vies à travers les lentilles des différents signes du zodiaque. Par exemple, si la Lune représente notre inconscient et nos émotions et que notre carte du ciel montre que notre Lune est en Gémeaux (un signe associé aux processus intellectuels et à la communication), alors nous pouvons voir que nous traitons et exprimons nos émotions par un examen intellectuel. En bref, une personne ayant une Lune en Gémeaux intellectualisera souvent ses émotions et les traitera verbalement.

Il existe une véritable pléthore d'informations disponibles sur Internet concernant les différentes planètes et leur interaction avec les signes et les maisons. En tenant compte de ces trois séries de facteurs tous ensemble, on obtient une carte du ciel (ou thème astral) qui décrit nos forces, nos faiblesses, nos désirs et nos penchants ; c'est un outil extraordinaire pour nous aider à déterminer quelles énergies nous souhaitons inclure, exalter, minimiser ou éviter lorsque nous envisageons la création de notre *persona* magique.

Chacun des douze signes du zodiaque comprend une myriade d'associations assemblées en un tout symbolique cohérent. Chacun est associé à l'un des quatre éléments classiques (Terre, Air, Feu et Eau) et à l'une des trois qualités ou modalités astrologiques : Cardinale (énergie, initiative), Fixe (inflexible, persistant) ou Mutable (souple, adaptable). Ces attributions concernent leurs groupements particuliers, ce qui nous permet d'avoir un aperçu approfondi des énergies de chaque signe afin d'apprendre en quoi ils sont différents ou semblables, ce qui nous permet de mieux les comprendre et de savoir comment les relier les uns aux autres. Chaque signe est également régi par une planète qui caractérise l'énergie globale du signe.

Nous devrions tous consulter notre thème natal pour déterminer quels signes sont les plus présents dans notre vie et ceux qui en sont absents, et faire de même pour les éléments afin de trouver celui qui domine. Nous pouvons les aborder de la même manière que les personnages de l'histoire ou de la mythologie, en ce sens que nous pouvons adopter les énergies qui nous inspirent et celles dont nous pensons avoir besoin.

Si vous connaissez mal l'astrologie, vous pouvez vous servir de ce qui suit pour acquérir une impression d'ensemble des énergies de chaque signe (positives et négatives) et de certaines de leurs associations. Chaque signe est accompagné de son symbole, de son élément, de son mode, de la planète qui le gouverne et même de sa carte de tarot (selon le tarot de Marseille et le tarot Rider-Waite Smith). Cela devrait vous aider à trouver des suggestions supplémentaires à inclure dans votre *persona* magique, et par extension dans votre nom sorcier.

Bélier (21 mars - 20 avril)

Symbole : Le bélier

Élément : Feu

Qualité : Cardinal

Gouverneur : Mars

Carte du tarot : L'Empereur

Le Bélier est le premier signe du zodiaque. En tant que principe initiateur, il incarne l'émergence de quelque chose à partir de rien. Guerrier ou pionnier, il est l'incarnation de l'énergie vitale. Les personnes nées sous ce signe sont des individus très dynamiques qui sont souvent extravertis socialement et ont tendance à être des leaders naturels. Ils peuvent être égoïstes, mais pas toujours au sens négatif du terme : ils ont un sens aigu du soi et des limites personnelles. On les considère souvent comme courageux, mais ce courage ne s'acquiert que par le conflit. Ainsi, on peut parfois avoir l'impression qu'ils provoquent la dissension. Leur capacité à se montrer à la hauteur de la situation et à développer ce courage dépendra de la façon dont ils réagiront à ces situations.

Le Bélier est quelquefois considéré comme le bébé du zodiaque ; c'est une référence à son caractère initiatique, en tant que première étape de la progression autour du zodiaque. Il marque le début de la roue astrologique et incarne donc les énergies des nouveaux départs.

En négatif, les natifs du Bélier peuvent être impatients, égoïstes au sens classique du terme, et même agressifs.

Taureau (21 avril - 21 mai)

Symbole : Le taureau

Élément : Terre

Qualité : Fixe

Gouverneur : Vénus

Carte du tarot : Le Pape (L'Hiérophante)

Si le Bélier est fougueux et agressif, le Taureau est calme et paisible. Comme le Bélier, il ne connaît pas la peur, mais l'intrépidité du Taureau naît de sa tranquillité plutôt que de la confrontation. On dit souvent que les Taureaux sont dotés de sens pratique, mais cette qualité peut s'effacer devant leur amour de la beauté et de la sensualité. Les Taureaux aiment se créer une maison confortable et sereine, en intégrant généralement leur amour de la nature à leur environnement et en créant un espace qui reflète extérieurement le sentiment de calme intérieur qu'ils incarnent et recherchent. Le Taureau trouve la complexité suspecte et se délecte de la sensualité tranquille de son foyer et de son environnement.

Le Taureau est le plus matériel de tous les signes. Ces natifs se retrouvent souvent à travailler avec leurs mains, dans la terre, dans l'argile, ou dans toute activité dans laquelle ils peuvent s'engager physiquement et permettre au monde extérieur de disparaître. Ils recherchent souvent la nature comme remède plutôt que de parler de leurs problèmes avec les autres. En fait, parler les stresse et les épuise, car ils préfèrent régler les choses tranquillement, seuls. Il s'agit là encore d'un reflet extérieur de leur véritable nature intérieure : si le silence extérieur peut être un trait notable de la personnalité du Taureau, son véritable objectif est en fait un silence intérieur.

En négatif, le Taureau est souvent considéré comme obstiné, inébranlable et même impitoyable.

Gémeaux (22 mai - 21 juin)

Symbole : Les jumeaux

Élément : Air

Qualité : Mutable

Gouverneur : Mercure

Carte du tarot : L'Amoureux (Les Amoureux, tarot Rider-Waite)

Le troisième symbole du zodiaque est celui des Gémeaux, les jumeaux. Ces jumeaux représentent la capacité de ce signe à être à la fois en accord et en désaccord avec une pensée intérieure. Ils sont intelligents, vifs et rapides d'esprit, et créatifs. Ils recherchent la connaissance et sont constamment en mouvement pour l'obtenir. Et ils parlent sans cesse, car c'est ainsi qu'ils sont le mieux à même de traiter leurs propres pensées et émotions. En tant que tels, ils font d'excellents communicateurs ; parler et écouter sont au cœur de leur personnalité.

Les Gémeaux sont avides d'expériences et iront de l'avant à toute vitesse même s'ils n'ont pas encore saisi toutes les nuances d'une situation. Ils n'ont certainement pas de temps pour ça, car ils ont besoin de passer très vite à l'information suivante ; ils vont certes l'analyser, mais ils ne la comprendront peut-être pas complètement. Cependant, leur curiosité naturelle les mènera toujours plus loin sur le chemin de la connaissance, car ils rassemblent des informations et établissent des liens à la vitesse de la lumière, laissant les autres loin derrière eux. Les Gémeaux ont une qualité naturelle de « journaliste ».

Leur ombre est qu'ils peuvent souvent souffler le chaud et le froid et qu'on peut les considérer comme « volages », distraits, « bavards » ou même schizophrènes dans leur approche.

Cancer (22 juin - 22 juillet)

Symbole : Le crabe (ou l'écrevisse)

Élément : Eau

Qualité : Cardinal

Gouverneur : La Lune

Carte du tarot : Le Chariot

Le Cancer est le plus vulnérable et le plus émotif de tous les signes. En fait, ces natifs sont si vulnérables qu'ils doivent apprendre à se protéger, et à développer la carapace de leur animal totem, le crabe.

Parce qu'ils ressentent tout, les natifs du Cancer font d'excellents éducateurs et thérapeutes. En fait, ce signe est considéré comme la « mère » du zodiaque, offrant soin et compassion à tout son entourage, surtout à ceux qu'il perçoit comme étant dans le besoin. Et plus ils sont dans le besoin, mieux c'est.

L'imagination et la gentillesse sont les caractéristiques de ce signe, et ces natifs les offrent à la pelle, parfois à leur propre détriment, mais le plus souvent pour le bien de ceux qui les entourent.

L'ombre du Cancer est qu'il peut être trop émotif, prenant toute critique comme une insulte impardonnable, ou étant incapable de se séparer de toute la douleur du monde. S'il essaie de trop en faire, sa nature maternelle peut l'inciter au martyre et, comme le crabe, il peut « marcher de côté » en préférant des relations interpersonnelles indirectes, ce qui peut le conduire à l'agressivité passive, à la manipulation et à l'isolement.

Lion (23 juillet - 22 août)

Symbole : Le lion

Élément : Feu

Qualité : Fixe

Gouverneur : Le Soleil

Carte du tarot : La Force

Là où le Cancer tournait son attention vers l'intérieur, le Lion n'a pas de temps pour tout cela. Ambitieux, il ne pense qu'à s'exprimer et cherche à se trouver sous les feux de la rampe, qui lui permettront de profiter de l'adoration d'autrui, qu'il utilise comme carburant pour alimenter son désir d'expression. Il ne se retient pas, ne garde rien par-devers lui, mais au contraire laisse libre cours à toutes ses envies, confiant aux autres le soin de distinguer les processus de son monde intérieur. C'est un comédien-né, et il a besoin de l'attention que ses performances inspirent.

Le Lion s'intéresse au développement de l'ego, non pas pour se séparer du monde mais pour mieux l'embrasser. Il veut vivre, et se délecte de tout ce que la vie a à offrir, en utilisant la créativité comme moyen d'expression personnelle sur son chemin vers l'unité, où l'interprète et le public fusionnent, ce qui lui donne l'élan évolutif qu'il recherche. Les Lions sont royaux, car gouvernés par le Soleil, et en tant que tels, ils incarnent le « monarque » de leur propre vie.

L'ombre du Lion est qu'il peut souvent être considéré comme trop sûr de lui et égoïste. Si ses performances ne sont pas bien accueillies, son ego peut se dégonfler instantanément, le laissant vulnérable et indolent.

VIERGE (23 AOÛT - 23 SEPTEMBRE)

Symbole : La vierge

Élément : Terre

Qualité : Mutable

Gouverneur : Mercure

Carte du tarot : L'Hermite

Là où le lion ne cache rien, la Vierge ne dévoile jamais ses cartes. Cherchant à transcender l'ego, elle s'efforce d'atteindre la perfection, un processus entretenu par une vision de l'idéal qui l'attire vers l'avant, ainsi que par une perception rationnelle de la réalité présente, qui donne à ce signe un grand sens pratique et une efficacité mécanique.

Ces personnes ont une conscience aiguë de leur position dans la vie, bien plus que tout autre signe. Et c'est cette vision lucide qui leur permet de se développer d'une manière impensable pour la plupart des gens. Elles s'inclinent devant les pressions intérieures qui les obligent à changer, et recherchent donc la perfection non pas comme une stimulation de leur ego, mais comme un processus basé sur l'idée de service comme principe transformateur.

Sur le chemin de la perfection, elles doivent apprendre à s'identifier totalement à leur travail. Bibliothécaires, elles doivent devenir une source de connaissances. Artistes, elles doivent incarner la beauté et la vérité. Si elles travaillent dans le commerce de détail, elles doivent devenir l'incarnation du service. Les Vierges s'efforcent d'atteindre la perfection en abandonnant les préoccupations mesquines de l'ego qui les maintiendraient enracinées dans l'agrandissement de soi. Et pourtant, cette forme de servitude qu'elles recherchent est en fin de compte une sorte d'égoïsme dans la mesure où elle est un principe de transformation de soi.

En négatif, les Vierges sont enclines à être trop critiques, surtout envers elles-mêmes. Elles peuvent facilement tomber dans le piège du doute permanent, et même développer un comportement autodestructeur.

Balance (24 septembre - 22 octobre)

Symbole : Les plateaux de la balance

Élément : Air

Qualité : Cardinal

Gouverneur : Vénus

Carte du tarot : La Justice

Les plateaux de la balance sont la clé qui permet de comprendre la nature intérieure de ce signe. La Balance recherche l'harmonie et cherche à créer cet état dans sa vie et ses relations. Elle cherche la sérénité et peut paraître inébranlable au milieu du chaos, avançant avec désinvolture alors que le monde brûle autour d'elle. Mais c'est un objectif, pour la Balance : cet équilibre est le but à atteindre, plutôt que son état naturel. Ses plateaux ne sont pas équilibrés par défaut ; elle doit travailler consciemment pour parvenir à un tel état, ce qui la pousse à rechercher des pratiques lui permettant d'identifier facilement les facteurs de stress potentiels, et de les étouffer dans l'œuf avant qu'ils ne deviennent incontrôlables.

Les Balances cherchent à créer un espace de calme intérieur en embellissant leur environnement. Lorsqu'elles se trouvent dans de beaux endroits, elles se sentent belles. L'extérieur et l'intérieur s'équilibrent pour ne faire qu'un.

Les Balances sont capables d'avoir des points de vue paradoxaux sans se sentir en conflit. Elles voient la situation dans son ensemble, les multiples facettes de chaque situation. Par conséquent, leur ombre peut être l'indécision, l'incapacité à dépasser l'ambiguïté. Elles peuvent se trouver perpétuellement à la croisée des chemins, incapables de choisir une voie, car choisir l'une d'entre elles signifie abandonner les autres.

Scorpion (23 octobre - 21 novembre)

Symbole : Le Scorpion (ou encore le serpent, l'aigle ou le Phénix)

Élément : Eau

Qualité : Fixe

Gouverneur : Mars et Pluton

Carte du tarot : La Mort (XIII)

Le Scorpion est souvent mal compris ; ce signe du sexe et de la mort crée une tension dynamique qui remplit le moment présent. Et le Scorpion excelle dans l'instant présent, dans toute son intensité bénie.

La clarté de vision est une expression clé du Scorpion ; il est capable de voir au-delà de la façade et de regarder au plus profond des ombres. C'est pourquoi on peut trouver sa compréhension des choses difficile à accepter. La piqûre du Scorpion est la vérité que personne ne veut entendre.

Pour le Scorpion, la mort est une alliée. Elle est un rappel constant que l'on doit vivre sa vie, et non la gaspiller. Les Scorpions recherchent des connexions émotionnelles, qui peuvent souvent être basées sur une expression sexuelle, mais c'est l'émotionnel qui compte avant tout pour eux, qui savent que les sentiments sont plus importants que la pensée.

L'ombre du Scorpion est une tendance à s'en prendre à ceux qui l'entourent : son dard et ses pinces sont des armes émotionnelles dangereuses qu'il peut manier de manière inconsidérée, ce qui finit par éloigner les autres. À l'inverse, s'il réprime ses pulsions et ses désirs, il peut sombrer dans la dépression et la mauvaise humeur, et s'aliéner encore plus son entourage par ses ruminations secrètes et compulsives.

Sagittaire (22 novembre - 22 décembre)

Symbole : L'archer

Élément : Feu

Qualité : Mutable

Gouverneur : Jupiter

Carte du tarot : Tempérance

Ce qui intéresse le Sagittaire, c'est comprendre le véritable sens de la vie et rechercher sa destinée personnelle. Il vise et tire sa flèche dans le ciel dans l'espoir d'atteindre sa cible, qui est la Vérité avec un V majuscule. Il se définit par sa quête plutôt que par le but supposé de celle-ci. Les Sagittaires sont en mouvement perpétuel, allant toujours de l'avant et laissant derrière eux les définitions ou les contraintes du passé. Ils ont soif de nouvelles idées, de nouvelles façons d'être. Ils recherchent constamment de nouvelles perspectives et abandonnent volontiers les anciennes modalités devenues obsolètes ou inutiles. Mais il ne s'agit pas pour eux d'une position égocentrique. Les Sagittaires se délectent de la condition humaine, et ils cherchent à aider le monde avec un cœur ouvert et débordant de joie. Étudiants perpétuels, ils aiment apprendre et partageront librement ce qu'ils ont appris avec le monde.

Leur ombre peut les amener à se disperser et se déconcentrer, les rendre incapables de viser une cible unique, ce qui peut affecter leur capacité à réaliser leurs rêves. Ils passent d'un projet à un autre, d'une personne à une autre, abandonnant l'un pour l'autre dès que leur nouvelle passion s'installe. Ils peuvent aussi avancer sans prendre aucune précaution, ignorant totalement que c'est la discrétion qui fait l'essentiel du courage.

Capricorne (23 décembre - 20 janvier)

Symbole : La chèvre marine

Élément : Terre

Qualité : Cardinal

Gouverneur : Saturne

Carte du tarot : Le Diable

Une chèvre de montagne avec une queue de poisson : voilà la créature fantastique qui incarne la double nature de ce signe. Le Capricorne vit dans les deux mondes de sa nature intérieure et de sa personnalité publique, et il cherche à les unifier. En cela, il est le signe de l'intégrité, car il n'y a pas de différence substantielle entre ces deux mondes qu'il souhaite exprimer honnêtement.

Bien qu'il puisse se trouver sous le regard du public, l'approbation que le Capricorne recherche en fin de compte est la sienne. À cette fin, il a besoin de solitude, même s'il tourne son attention vers le monde extérieur.

Ambitieux et travailleur, le Capricorne est assez pragmatique et comprend ce qu'il doit faire pour réaliser ses rêves.

Son ombre peut le rendre matérialiste et assoiffé de pouvoir, et transformer la solitude qu'il désire tant en exil qu'en isolement.

Verseau (21 janvier - 19 février)

Symbole : Le porteur d'eau

Élément : Air

Qualité : Fixe

Gouverneur : Uranus

Carte du tarot : L'Étoile

L'astrologue Steven Forrest nous dit que l'on prend souvent le glyphe du Verseau, deux lignes ondulées parallèles, pour deux cours d'eau, mais que ce n'est pas ce qu'il représente : selon lui, « ces lignes sont des serpents, symboles de la connaissance ». Le Verseau est le révolutionnaire du zodiaque ; il recherche la connaissance non pas pour elle-même, mais comme moyen de transformer le monde et d'inaugurer une nouvelle façon d'être, une nouvelle ère. Il vise l'aube d'un nouveau monde, libéré des contraintes de l'ancien régime. Les buts ultimes du porteur d'eau sont la liberté, l'individualité et l'abandon de l'autorité ou des limites des restrictions, le tout au service de l'amélioration du collectif.

Le Verseau méprise la pensée de groupe, le tribalisme et les conventions, car ce sont les modalités qui empêchent la société d'évoluer, et l'évolution et le changement sont les caractéristiques de l'idéal du Verseau. Le Verseau ne cherche rien d'autre que la vérité et ne se laissera pas décourager dans sa recherche, peu importe où elle peut mener.

On voit son ombre dans son incapacité apparente à se conformer aux règles ou aux conventions et dans son incapacité à développer une réelle intimité. Il est l'archétype du « rebelle sans cause » et peut devenir condescendant quand il est confronté à des idéaux différents des siens. Il peut aussi devenir trop idéaliste et se sentir aliéné en conséquence.

Poissons (20 février - 20 mars)

Symbole : Les poissons

Élément : Eau

Qualité : Mutable

Gouverneur : Neptune

Carte du tarot : La Lune

Les Poissons sont souvent représentés par deux poissons nageant dans des directions opposées, une image qui peut nous donner un aperçu de ce signe. Ils sont fluides, en mouvement, et ne se fixent jamais sur une seule chose.

Les Poissons incarnent la notion bouddhiste selon laquelle la vie n'est qu'un rêve. Il ne s'agit pas d'une réfutation de la logique ou de la réalité, mais de la connaissance du fait que notre expérience du monde n'est que cela : une expérience, qui se produit toujours à l'intérieur, à travers les processus de nos sens et de notre cerveau. Nous ne percevons pas le monde directement, ce qui signifie que nous le percevons tous de manière subtilement différente. Les deux poissons ont chacun leur propre perspective, selon leur propre point d'observation ; et pourtant, finalement, c'est le même monde qu'ils perçoivent. Les Poissons fondent leur compréhension de la vie sur la prise de conscience qu'en fin de compte tout se résume à notre propre conscience du monde, et le poisson qui nage doit abandonner la notion de subjectivité en faveur du vaste mystère inconnu qu'est la conscience humaine.

Les Poissons sont très spirituels, imaginatifs et créatifs, ils puisent dans le rêve et l'expérience intérieure pour donner un sens au monde, même s'ils apprennent à s'en détacher.

L'ombre des Poissons est faite d'évasion et de désespoir, car leur empathie peut les amener à être facilement submergés par les sentiments de ceux qui les entourent. Privés d'une direction claire, ils deviennent apathiques et déconcentrés, incapables de nager, et ils s'agitent en tous sens, succombant aux courants qui peuvent les entraîner vers leur propre perte.

❖❖❖

Une étude approfondie de l'astrologie dépasse de loin le cadre de ce livre, mais nous pouvons explorer comment chacune de ces planètes et chacun de ces signes se manifeste dans notre vie et dans notre identité magique. Observez la position de chacun dans votre thème, et ce qu'ils peuvent représenter pour vous personnellement. Chacun d'entre eux peut être intégré à un nom qui mettrait en valeur ses pouvoirs mythologiques dans votre identité magique. Vous pouvez le faire ouvertement, par exemple en utilisant le nom d'un signe astrologique, peut-être combiné avec un autre élément (par exemple, Bélier Ciredutemps), ou, de façon plus symbolique, en utilisant ses associations (par exemple, Cornes de Feu).

Les constellations en dehors du zodiaque

D'autres groupements d'étoiles, mentionnés dans les mythologies du monde entier, ont une signification particulière pour le magicien et le praticien spirituel. La liste succincte ci-dessous vous permettra de commencer à chercher des informations sur les étoiles, mais demandez-vous d'abord si certaines étoiles ou constellations ont une signification particulière pour vous. Avez-vous le souvenir d'avoir appris leur existence dans votre enfance ? Certaines d'entre elles sont-elles particulièrement visibles ou frappantes depuis votre lieu de résidence ? Certaines de leurs histoires vous parlent-elles ? Ou peut-être trouvez-vous simplement leur forme agréable. Prêtez attention à ce qui suscite votre intérêt.

Andromède

C'est l'un des premiers exemples du thème de la princesse et du dragon. Andromède était la fille du roi Céphée et de la reine Cassiopée. Lorsque la reine se vanta d'être plus belle que les nymphes de la mer, Poséidon envoya un monstre marin pour détruire leurs terres. Andromède fut alors enchaînée à un rocher pour servir de sacrifice, mais fut sauvée par Persée, qui tua le monstre. Tous deux se marièrent et elle régna en tant que reine en Grèce. À sa mort, la déesse Athéna plaça Andromède dans les cieux comme une constellation.

Draco

Le Dragon était l'une des constellations les plus importantes pour les premiers humains de l'hémisphère Nord. L'astronome Ptolémée l'a cataloguée au IIe siècle de notre ère. Il s'agit d'une constellation circumpolaire, ce qui signifie qu'elle ne descend jamais sous l'horizon. C'est l'une des constellations les plus étendues, et l'une de ses étoiles, Thuban, était autrefois l'étoile Polaire, à l'époque où les Égyptiens construisaient les pyramides (l'étoile Polaire change en raison du cycle de précession de vingt-six mille ans). En plus de Thuban, cette constellation contient seize autres étoiles nommées : Aldhibah, Alrakis, Alruba, Alsafi, Altais, Athebyne, Dziban, Edasich, Eltanin, Fafnir, Funi, Giausar, Grumium, Rastaban, Taiyi et Tianyi.

Draco est souvent associé au mythe des douze travaux d'Hercule, dont l'un consistait à vaincre le dragon Ladon dans sa quête des pommes d'or des Hespérides. Quand elle a tué le dragon, Héra a été si attristée qu'elle a placé cette créature dans la sphère céleste.

Ophiuchus

« Le porteur de serpent » brille dans le ciel austral, près de l'équateur céleste. Elle est également connue sous son nom latin, *Serpentarius*, le « Serpentaire ». Représenté par un homme tenant un serpent (représenté dans la constellation voisine, Serpent), il est associé au dieu grec Asclépios, un fils d'Apollon qui aurait été capable de ramener les morts à la vie, ayant acquis ce savoir en observant un serpent ramener un serpent mort à la vie en utilisant une certaine herbe.

Orion

Portant le nom d'un chasseur de la mythologie grecque, c'est l'une des constellations les plus aisément identifiables dans le ciel nocturne. Fils du dieu de la mer Poséidon et de la gorgone Euryale, il possédait une force incroyable, et a été décrit par Homère comme gigantesque. Son père lui a donné le pouvoir de marcher sur l'eau et il possédait une massue de bronze incassable. Après avoir tenté, alors qu'il était ivre, de violer Mérope, fille du roi Œnopion, il fut rendu aveugle par ce monarque et banni du royaume. Un oracle dit plus tard à Orion de se diriger vers l'est, vers le lever du soleil, ce qui lui rendit magiquement la vue.

Il se vantait d'être le plus grand de tous les chasseurs, ce qui offensa la déesse Héra qui le fit tuer par un scorpion. Pour le consoler, Zeus le plaça dans les cieux pour l'éternité. On le voit dans le ciel poursuivant les Pléiades et poursuivi par la constellation du Scorpion.

Les Pléiades

De nombreuses traditions fascinantes entourent les Pléiades, car ce groupe d'étoiles a influencé l'évolution culturelle de l'humanité pendant des millénaires. Les sept sœurs de la mythologie grecque antique étaient les filles de la nymphe Pléioné et du Titan Atlas, célèbre pour avoir porté la sphère céleste sur ses épaules. Ces sœurs sont Maia, Electra, Taygète, Alcyone, Célaéno, Stérope et Mérope.

Pour les anciens Scandinaves, les Pléiades étaient les poules de Freyja, et pour les Celtes de l'âge du fer elles étaient associées à la fois à Beltane et à Samhain, car cet amas d'étoiles est très présent dans le ciel à ces périodes de l'année. La théosophie les considère comme des agents de concentration d'un pouvoir spirituel galactique transmis à la Terre sous la forme des sept rayons.

Chaque être humain est une étoile

Il existe de nombreuses mythologies sur la signification de certaines étoiles individuelles dans les cieux et sur ce qu'elles peuvent signifier pour nous ici sur Terre. On pourrait imaginer qu'il y a une étoile qui brille dans les cieux juste pour nous. (Et avec des trillions de trillions d'étoiles dans l'univers visible, il y en a certainement assez pour tout le monde.) Méditer pendant un certain temps sur une étoile donnée peut aider à aligner notre conscience avec le monde céleste, ou ce que certains appellent le « monde angélique », une immense présence de conscience et de pouvoir divins. Bien que toute étoile ait le potentiel de nous aider à évoluer vers notre propre divinité, la mythologie a montré que certaines étoiles ont une signification particulière pour la vie sur notre sphère terrestre.

Les quatre étoiles royales

Dans la mythologie de la Perse antique, les étoiles Régulus, Fomalhaut, Aldébaran et Antarès étaient considérées comme les gardiennes des cieux en raison de leur luminosité et de leur position. Chacune régnait sur un quart du ciel et était considérée comme annonçant le changement des saisons. Chacune d'elles est l'étoile alpha d'une constellation du zodiaque et est censée apporter avec elle une énergie particulière. Aldébaran (Taureau) régit le ciel oriental et le printemps. Régulus (Lion) régit le ciel du Nord et l'été. Antarès (Scorpion) régit le ciel occidental et l'automne. Et enfin, Fomalhaut (Poisson austral) régit le ciel du Sud et l'hiver.

Si l'un de ces signes joue un rôle dans votre carte personnelle, vous pouvez considérer le nom de l'étoile royale comme un moyen d'intégrer cette influence stellaire à votre travail. Vous pouvez aussi simplement ressentir une certaine attirance pour l'un d'entre eux. L'étude de l'histoire et des pratiques entourant l'étoile que vous avez choisie peut vous aider à former votre *persona* magique ou peut-être à vous connecter à d'autres points d'inspiration dans votre voyage.

L'étoile du matin/l'étoile du soir

Ces deux termes sont utilisés pour décrire la planète Vénus, le deuxième objet le plus brillant du ciel nocturne. En raison de son cycle particulier, elle est apparue à certaines cultures anciennes comme deux astres distincts, l'un apparaissant le matin et l'autre le soir. Son apparition a influencé les cultures et les mythologies du monde entier depuis le début de l'histoire. Le nom « étoile du matin » a été associé au diable chrétien en raison du nom latin de cette étoile, Lucifer, qui signifie simplement « porteur de lumière ». Ce qui est étrange, c'est que la Bible elle-même nomme Jésus « l'étoile du matin » : comment un titre du messie chrétien a-t-il pu être mal compris et fournir le nom de leur Prince des ténèbres ? C'est une question à laquelle je n'ai pas la réponse. Cet astre véhicule pour nous autres sorciers et sorcières le symbolisme de l'espoir, du renouveau, de l'amour et du triomphe.

Polaris

C'est l'étoile Polaire actuelle, qui apparaît presque directement au-dessus du pôle Nord céleste et est toujours visible dans l'hémisphère Nord. Elle est située à l'extrémité de l'anse de la constellation de la « petite casserole » (*Ursa Minor*, la Petite Ourse), et une photographie en temps différé montre comment cette étoile se présente presque exactement à la même position dans le ciel alors que toutes les autres étoiles semblent tourner autour d'elle. Parce qu'elle apparaît toujours (dans l'hémisphère Nord) comme étant au nord, cette étoile a été utilisée pendant des siècles comme guide de navigation, portant même parfois en anglais le nom de *Lodestar* (l'étoile-aimant ; vous vous souvenez de la pierre d'aimant ?).

Nous utilisons même le terme « étoile Polaire » de façon poétique pour désigner un exemple de guide destiné à aider les autres à atteindre leurs objectifs proverbiaux.

Sirius

C'est l'étoile la plus brillante du ciel et elle fait partie de la constellation du Grand Chien (*Canis Major*). Pour les Grecs anciens, Sirius était le chien d'Orion, le chasseur, et les quelque quarante jours d'été pendant lesquels cette étoile se levait et se couchait avec le soleil étaient appelés « les jours de l'étoile du chien », plus tard raccourcis en « jours du chien », d'où notre mot « canicule », qui désigne la période la plus chaude de l'année (Sirius en grec ancien signifiait « brûleur »). Également appelée « étoile du chien », Sirius a été associée aux chiens ou aux loups par de nombreuses cultures.

Parmi les autres formations cosmiques susceptibles de nous inspirer dans notre recherche, citons les comètes, les planètes, les constellations, les astérismes, les lunes, les nébuleuses, les astéroïdes et à peu près tout ce qui, dans l'étendue cosmique, pourrait vous inspirer d'une manière ou d'une autre. Quel que soit le phénomène, s'il est visible, il existe forcément une tradition dans laquelle il est vénéré ou respecté (ou même craint) par une culture dont les légendes décrivent des aspects de son essence spirituelle, et aussi de la nôtre en fonction de nos relations avec lui. Ajoutez à cela tous les phénomènes cosmiques qui ne sont généralement pas visibles à l'œil nu et vous obtenez une liste de merveilles astronomiques potentielles parmi lesquelles choisir.

Il suffit d'être ouverts à l'inspiration que la nature, la mythologie et l'histoire peuvent nous apporter alors que nous nous lançons dans le voyage pour assembler ces composantes apparemment disparates en une réalité unique, dont la prochaine étape est un voyage au plus profond de nous-mêmes.

Chapitre sept :
La divination, les rêves et la magie

« N'en déplaise à Shakespeare[49], dans la vie réelle,
le parfum de la rose dépend du nom qu'elle porte.
Les choses ne sont pas seulement elles-mêmes.
Elles sont aussi, à des égards particulièrement importants,
ce qu'elles semblent être. »

Hubert H. Humphrey,

discours donné à Washington, D.C. en 1966

49. NdT : Voir note 39.

Le praticien magique doué prépare constamment son véhicule pour le travail qu'il a à faire. Chaque sort, chaque rituel, chaque méditation, chaque lecture et chaque rêve s'intègre à une tapisserie complexe de compétences et d'interactions qui nous guide sur notre chemin jusqu'à la prochaine rencontre transformatrice.

Il n'est pas nécessaire que ce travail envahisse notre vie et fasse de nous le membre d'un culte de fanatiques, incapable d'apprécier quoi que ce soit en dehors de ses pratiques occultes. Ce type de travail doit aller de pair avec notre existence « ordinaire », car celle-ci n'est pas moins divine que le reste de notre existence. L'intégration est la clé de l'efficacité en magie.

Avec un peu de chance, vous avez déjà étudié l'histoire, les mythes et même la culture populaire avec un esprit ouvert, à la recherche d'éléments qui vous inspirent un sentiment d'identification et un but. Si ce n'est pas le cas, prenez un peu de temps maintenant pour vous offrir ce luxe. Puisque nous sommes à la recherche d'éléments qui inspirent, vous devriez tout d'abord vous intéresser à ce qui vous attire déjà : animaux, plantes, personnages, lieux, couleurs ou sons que vous aimez. Chacun possède un pouvoir caché sous la surface. Chacun d'entre eux peut constituer une fenêtre sur votre âme, à travers laquelle vous pouvez contempler le paysage de votre nature intérieure, dans votre quête incessante d'un sens et d'un épanouissement personnel.

La création de la *persona* magique va de pair avec la pratique même de la sorcellerie ; il ne peut y avoir de *persona* magique sans pratique de la magie. Et pourtant, même ici, nous pouvons voir l'échappatoire que la magie elle-même nous offre. En effet, si nous manquons de magie, comment mieux la revigorer qu'avec davantage de magie ? Si l'on applique le vieux principe du *fake it until you make it* (« fais semblant jusqu'à ce que tu y arrives »), que l'on peut considérer comme une ancienne loi magique, notre *persona* magique elle-même peut devenir le moyen d'exploiter notre potentiel magique.

La *persona* magique est un état d'être dans lequel nous devons apprendre à entrer à tout moment. En un claquement de doigts, en une inspiration, en un battement de cœur, nous pouvons résider en notre centre de puissance. Des années de dur labeur et d'études, à cultiver son autorité divine, voilà ce qui bat au cœur d'un sorcier ou d'une sorcière. Et c'est ce qui alimente notre feu intérieur, le feu sorcier d'autrefois.

Avant d'aller plus loin, nous devons étudier attentivement ce que nous sommes sur le point de libérer dans le monde. Tout va vraiment changer, pour le mieux, espérons-le, mais ça va changer de toute façon. Ce voyage vers le nom est un voyage initiatique : nous sommes à la recherche de notre pouvoir alors qu'en réalité, comme pour Dorothy dans *Le Magicien d'Oz*, il était là depuis le début.

Je ne vais pas vous demander de claquer trois fois des talons comme elle (« On n'est jamais mieux que chez soi ! »), mais d'utiliser quelques pratiques magiques et spirituelles fondamentales bien connues pour exploiter les éléments qui vous inspirent et les faire entrer en vous-même, en observant ce qui ressort de cette expérience.

La divination

Nous ne devons pas oublier l'importance de la divination dans notre pratique de la magie. En fait, un système divinatoire comme le tarot pourrait être en lui-même une puissante source d'inspiration. Nous nous sentons peut-être particulièrement en phase avec l'une des cartes, que nous pourrions facilement inclure dans notre travail de construction de nom. Ou bien nous pouvons simplement avoir une affinité avec le système dans son ensemble, si riche en symbolisme ésotérique et en significations multiples. Dans un cas comme dans l'autre, nous pouvons utiliser le tarot pour nous aider à apprendre comment incorporer les fils énergétiques dans un ensemble cohérent, ou du moins nous donner l'occasion d'avancer un peu plus loin sur la voie de la découverte de notre nom.

Dans nos tentatives pour discerner nos propres pouvoirs cachés (et les pièges éventuels qui y sont liés), nous devons laisser à l'univers l'occasion de se montrer plus précis. C'est là qu'est l'intérêt d'entretenir une relation régulière avec un système de divination. Il apprend à nous connaître autant que nous apprenons à nous connaître.

Divination : neuf questions

Matériel nécessaire :

- Une bougie de n'importe quelle couleur
- Un jeu de cartes de tarot ou d'oracle avec lequel vous vous sentez lié
- Une grosse pièce de monnaie
- Votre journal et un stylo

Ancrez-vous, alignez vos esprits et centrez-vous. Allumez la bougie en affirmant silencieusement que la lumière de la bougie et la lumière de l'âme ne font qu'une. Toutes les flammes sont une seule flamme.

Mélangez et distribuez les neuf cartes, face cachée, en posant une carte pour chaque question de cette façon :

À quoi est-ce que j'aspire ?
Qu'est-ce que je dois surmonter ?
Sur quelles forces dois-je m'appuyer ?
Comment pourrais-je être vaincu ?
De qui ou de quoi dois-je m'attirer les faveurs ?
Quel prix dois-je encore payer ?
Quelle force inconnue jouera un rôle dans ce processus ?
Qu'est-ce qui sera perdu ?
Qu'est-ce qui sera gagné ?

Placez maintenant la pièce de monnaie verticalement au centre de la carte centrale, en la tenant fermement par ses deux faces. D'un geste des doigts, faites tourner la pièce. Dites :

Elle tourne et tourne, la roue du destin,
Que coupes-tu ?
Que tisses-tu ?

Regardez la pièce tourner sur elle-même et passer de carte en carte jusqu'à tomber. La carte sur laquelle elle tombe ou dont elle est la plus proche reçoit une signification particulière, favorable (face) ou défavorable (pile). Si la pièce n'indique aucune carte ou tombe de la table, elle est hors jeu.

Il faut tenir compte de ces deux choses : si la pièce indique un aspect défavorable à la première carte, je peux considérer que c'est un signe que le tirage n'est pas juste, et qu'il faudra recommencer plus tard. Si la pièce indique un aspect favorable pour la quatrième carte, je conseille également de procéder au tirage plus tard.

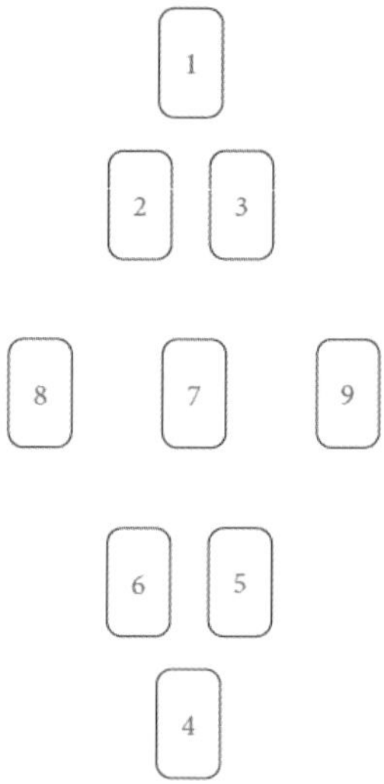

Tirage des neuf questions

1) À quoi est-ce que j'aspire ?

C'est une puissance archétypale qui vous attire à elle. Quels aspects de la carte choisie pour cette position reflètent cela ? Si vous ressentez une connexion profonde avec la carte choisie, cela indique que vous êtes en phase avec son objectif. Si, au contraire, vous ressentez de la répulsion, c'est qu'il y a un profond travail de l'ombre à faire pour comprendre vraiment la sagesse que cette énergie essaie de vous transmettre.

2) Qu'est-ce que je dois surmonter ?

C'est le défi que vous devez relever. Il n'est pas insurmontable, mais il n'est pas non plus insignifiant. C'est votre « quête », dans le sens du voyage du héros. Quelles sont les choses que vous devez apprendre à connaître en vous ? Quelles sont vos faiblesses ? Ce n'est qu'en les affrontant que vous pouvez en faire vos forces.

3) Sur quelles forces dois-je m'appuyer ?

On s'appuie généralement trop ou pas du tout sur nos talents naturels. Où résident vos talents ? Où gît votre potentiel ?

4) Comment pourrais-je être vaincu ?

Nous avons tous un côté sombre, et c'est celui-là. Quels secrets se cachent en vous, qui pourraient vous faire tomber ? Je ne parle pas de codes nucléaires, mais de cette bonne vieille peur. De quoi avez-vous peur ? Pourquoi en avez-vous peur ? Pourquoi donnez-vous tant de pouvoir à cette chose ? Et si elle a tant de pouvoir, comment pouvez-vous la lui reprendre ?

5) De qui ou de quoi dois-je m'attirer les faveurs ?

Où pourriez-vous obtenir de l'aide dans votre quête ? Regardez le message de sagesse de cette carte et voyez s'il ne vous permet pas de déterminer l'endroit où vous devez jeter votre dévolu, la puissance ou l'idéal supérieur auquel vous devez faire appel.

6) Quel prix dois-je encore payer ?

Il n'y a rien de gratuit en ce monde. Quel est le prix à payer pour ce voyage ? Et surtout, êtes-vous prêt à le payer, ou même capable de le faire ?

7) Quelle force inconnue jouera un rôle dans ce processus ?

C'est le joker, l'inconnue, le farceur, le marionnettiste qui tire les ficelles depuis les coulisses.

8) Qu'est-ce qui sera perdu ?

Rien ne reste éternellement pareil à soi-même. Une quête est synonyme d'expérience, et l'expérience est synonyme de changement, d'innocence perdue.

9) Qu'est-ce qui sera gagné ?

La récompense ultime. La morale de l'histoire.

Notez dans votre journal ce que vous avez découvert.

La bibliomancie

Cette ancienne technique divinatoire peut être d'une utilité considérable dans la construction de votre identité magique. Vous pouvez choisir des livres qui ont une signification particulière pour vous. Il peut s'agir d'ouvrages de fiction ou non, cela n'a pas d'importance. Ce qui compte, c'est qu'il s'agisse de choses avec lesquelles vous ressentez une certaine affinité. Par exemple, si vous vous sentez obligé d'intégrer un certain animal dans votre nom, vous pouvez choisir un livre sur la vie et l'habitat de cet animal, ou peut-être un guide de terrain sur la faune de votre région. De même, si vous ressentez un lien particulier avec *Le Seigneur des anneaux*, vous pouvez inclure cette trilogie, ou un livre sur les phénomènes stellaires, ou l'histoire de l'art, ou la poésie, ou... vous voyez ce que je veux dire.

Tenez le livre sur vos genoux et concentrez votre esprit sur la question qui vous préoccupe. Vous êtes ici à la recherche d'un indice quant à votre véritable nom, quelque chose qui vous rapproche de cette découverte. S'il est possible que vous trouviez votre nom de cette manière, il est plus probable que l'on ne vous donne qu'une pièce du puzzle que vous devrez ensuite rassembler et combiner avec d'autres éléments pour que votre véritable nom devienne réalité. Il est conseillé de prendre des notes, car certains mots et certaines phrases peuvent ne vous révéler leur signification profonde que plus tard, peut-être en conjonction avec d'autres travaux. Ce processus peut être aussi simple que d'ouvrir le livre au hasard, de pointer sans regarder, de lire à haute voix le mot ou la phrase indiquée, et de contempler sa signification.

Vous pouvez aussi être plus créatif.

Quand les oracles se rencontrent (ou construisez votre propre oracle)

J'ai toujours été partisan de ne pas limiter mes possibilités lorsqu'il s'agit de recevoir des messages des profondeurs, donc utiliser plusieurs outils de divination pour mieux cibler mes attentions me semble approprié dans un voyage d'une telle richesse potentielle. Pour rester dans la pratique de la bibliomancie, vous pouvez utiliser des outils tels que les dés, les dominos, ou le jet d'objets sacrés sur les pages du livre et la déduction des mots sur lesquels se concentrer en fonction de leur emplacement et/ou des valeurs numériques. Par exemple, une paire de dés peut vous indiquer le nombre de mots à compter à partir du début de la page. Vous pouvez aussi décider que chaque dé représente une page et que le numéro vous indique le paragraphe que vous devez consulter. Les dominos ont chacun deux chiffres. Décidez comment vous souhaitez les interpréter pour déterminer le mot à choisir. Allez-vous aussi faire intervenir la numérologie ? Il n'existe aucune règle absolue, si ce n'est que vous devez laisser votre instinct vous guider de son mieux.

C'est cependant le jet d'objets sacrés qui constitue ma méthode de divination préférée entre toutes. C'est la plus nébuleuse, la plus ouverte à l'interprétation. Et pourtant, elle semble aussi être la plus étonnante et même la plus littérale. Elle est très personnelle, et c'est ce qui la rend particulièrement puissante.

Ce type de tirage se prête bien aux interprétations sur le vif, sans grande préparation. Le meilleur ami d'une sorcière est parfois une simple pochette contenant une collection hétéroclite de bibelots et de pierres. La mienne contient divers cristaux et pierres, des os d'animaux, des morceaux de bois, de petites breloques, etc. J'ai choisi des objets qui m'ont paru intéressants ou spéciaux au fil des ans, et je continue de l'enrichir au fur et à mesure que je trouve de nouvelles pièces, chacune porteuse d'une signification personnelle.

Il m'arrive parfois de jeter une petite poignée de ces objets sur un tirage de cartes que j'ai fait afin de mieux comprendre les liens subtils entre certains thèmes. C'est une façon d'ouvrir davantage mon esprit et d'apprendre à percevoir de multiples possibilités.

Gardez cela à l'esprit et demandez-vous comment vous pouvez utiliser le(s) système(s) choisi(s) pour vous aider dans votre recherche de votre véritable nom. Comme dans le cas de la bibliomancie, vous pouvez rechercher des lettres ou des mots, ou vous concentrer plutôt sur les symboles et sur la signification ésotérique de vos cartes, de vos runes ou de vos objets sacrés. En combinant plusieurs systèmes, nous nous libérons des « règles » traditionnelles qui les régissent et pouvons ainsi entrer dans un espace plus mystique, un chemin profond et personnel vers notre être intérieur, ce qui est idéal pour explorer notre nature cachée.

Les rêves

Dans notre exploration de la conscience humaine, nous devons être attentifs à tous les états de conscience dans lesquels nous pouvons entrer, apprenant, tels des artisans, à leur donner les formes qui serviront nos besoins particuliers. Le rêve est bien davantage qu'un simple événement auquel nous devons nous soumettre chaque nuit, qui nous apporterait la promesse d'une stimulation émotionnelle accompagnée d'une dose d'oubli. Le rêve peut aussi être une pratique active d'une valeur inestimable dans notre quête de connaissance de soi et de pouvoir magique. C'est donc l'un des outils les plus puissants du sorcier et de la sorcière.

Certaines personnes reçoivent dans leurs rêves non seulement l'inspiration pour leur nom magique, mais aussi le nom lui-même. Laura Tempest Zakroff, auteur de *Sigil Witchery* et de *Weave the Liminal*, nous raconte l'expédition qu'elle a menée pour découvrir son nom :

> *Tout a commencé par un rêve, dans lequel une entité semblable à une déesse me répétait un nom encore et encore, accompagné*

d'images très vivantes. J'en ai parlé à mon mentor, et nous avons fait une séance de méditation en transe pour voir si nous pouvions deviner autre chose. Dans cet état, je parlais en trois langues : le latin, le grec et le russe, dont j'ignorais tout, mais que mon mentor connaissait. Elles se traduisaient toutes, en gros, par « tempétueuse » – et cela a donc confirmé le message. J'ai donc officiellement pris le nom de Tempest.

C'était le milieu ou la fin des années 1990 et le fait d'être une sorcière publique comportait beaucoup plus de dangers. Avoir un nom de métier public offrait une sécurité supplémentaire. Il en allait de même pour la danse du ventre – la plupart des danseuses de l'époque prenaient un nom de scène, non seulement parce que cela créait un personnage de scène, mais aussi parce que cela permettait d'éviter les harcèlements et autres attentions non désirées. Lorsque j'ai commencé à danser, je ne voyais pas l'utilité de prendre un autre nom, et Tempest était donc à la fois mon nom de métier et mon nom de danse.

Lorsque j'ai commencé à me concentrer davantage sur ma carrière artistique, surtout après avoir récupéré mon nom de jeune fille après mon divorce, j'ai voulu utiliser mon nom complet. Mais j'appartenais à de multiples milieux, entre la danse, la sorcellerie, l'art et autres, où j'étais déjà connue sous le nom de Tempest ; alors Tempest est devenu mon deuxième prénom. Maintenant que j'ai publié plus d'une demi-douzaine de livres sous ce nom et que mon art est devenu célèbre, c'est resté. Mais les gens ne savent pas toujours s'ils doivent m'appeler Laura ou Tempest. Les deux peuvent convenir. En fait, il est plus facile de m'appeler Tempest lors de manifestations, car il y a souvent plusieurs Laura (ou personnes portant le même nom), mais généralement une seule Tempest. Au fil des ans, quelques autres Tempest sont apparues dans le monde de la danse, mais elles semblent disparaître tout aussi rapidement. Il ne peut y en avoir qu'une !

Exercice : Le journal des rêves

Ce travail commence comme tant d'autres avant moi l'ont enseigné : par la tenue d'un journal. Un journal des rêves est essentiel si nous voulons vraiment connaître notre état onirique et apprendre à traverser ce monde des plus nébuleux. Gardez un journal et un stylo à côté de votre lit. Chaque soir, avant de vous coucher, prenez l'habitude de réciter certaines affirmations qui vous aideront à vous souvenir de vos rêves et à les enregistrer. Créez votre propre affirmation, comme la suivante :

Chaque nuit, pendant mon sommeil, je fais des rêves très nets, et chaque matin, au réveil, je consigne ces rêves dans mon journal.

Récitez-la à vous-même, à voix haute, au moins trente fois.

À votre réveil, notez immédiatement des bribes de votre rêve dans votre journal. Vous n'avez pas à noter tous les détails : le fait de fouiller activement dans votre mémoire va modifier les souvenirs que vous avez du rêve. Au lieu de cela, notez simplement certains mots-clés qui vous reviendront plus tard en mémoire. Notez-en autant que vous le souhaitez.

Si vous vous réveillez et que vous ne vous souvenez pas de vos rêves, ce n'est pas grave. Vous réessayerez la nuit suivante. Pour l'instant, écrivez simplement « aucun souvenir » dans votre journal pour renforcer votre habitude de cette pratique.

Une fois que vous aurez pratiqué cette activité pendant une semaine complète, relisez vos mots-clés et essayez de les étoffer pour en faire des récits plus complets. Vous avez eu le temps d'intégrer plus complètement les expériences des rêves, puisque vous les avez gardées dans votre mémoire active en enregistrant dès le départ les mots-clés. Maintenant, laissez ces mots déclencher des souvenirs et décrire la plénitude de vos rêves, au mieux de vos capacités.

Vous devriez pratiquer ceci pendant trente jours avant de passer à l'exercice suivant.

Exercice : Le rêve lucide

Il est possible de s'éveiller à la conscience normale tout en étant encore en plein rêve. Cela peut se produire spontanément, mais on peut aussi s'entraîner à en faire l'expérience à volonté, créant ainsi un point de départ pour la projection astrale ou pour un travail en profondeur sur les plans intérieurs.

Une fois que vous êtes capable de vous rappeler vos rêves plus souvent, vous êtes prêt pour la pratique du rêve lucide ; il vous suffit d'une légère modification de votre pratique de rêve, qui est maintenant régulière. Vous devez simplement modifier vos affirmations pour que votre conscience de veille surgisse pendant votre rêve. Par exemple : « Chaque nuit, je suis pleinement conscient de mon état de rêve », ou « Je me réveille consciemment pendant mes rêves et je me souviens très nettement de chaque détail à mon réveil ». Continuez à noter vos mots-clés dans votre journal de rêves. Si vous commencez à avoir des difficultés à vous souvenir de vos rêves, augmentez le nombre de vos affirmations pour mieux répondre à vos besoins particuliers.

Exercice : Graines de rêves

Une fois que nous avons le sentiment d'avoir maîtrisé le travail onirique précédent, nous pouvons plus efficacement « ensemencer » nos rêves avec les sujets, symboles ou objectifs sur lesquels nous souhaitons travailler. Nous n'avons certes pas à nous limiter au thème de l'identité ou du nom magiques, mais ici nous nous concentrerons exclusivement sur celui-ci. Cependant, n'hésitez pas à utiliser cette technique avec tout autre sujet qui vous semble utile.

Avant de vous coucher le soir, déterminez que vous avez l'intention de rêver de votre *persona* magique. Si vous la connaissez déjà ou si vous avez une idée assez précise de sa forme fondamentale, évoquez-la dans votre esprit en vous asseyant sur le bord de votre lit. Éteignez la lumière et fermez les yeux pendant un moment, en vous concentrant sur cet être magique puissant que vous êtes. Récitez une affirmation, comme : « Je rêve de mon pouvoir intérieur », ou « Quand je rêve, je suis centré en mon pouvoir magique ». Encore une fois, écrivez une affirmation qui vous semble personnelle et utile.

Vous pouvez également contempler une œuvre d'art spécifique ou lire certains textes juste avant de vous coucher, qui stimuleront également votre conscience onirique. De même, lire des livres ou regarder des émissions de télévision ou des films qui traitent de magie, du nom véritable ou de la *persona* magique peut être tout aussi stimulant.

Vous pouvez également répéter vos affirmations devant un verre d'eau, envoyant vos paroles dans l'eau avant de la boire, toujours juste avant de vous coucher. Ceci présente l'avantage supplémentaire d'exercer une pression sur votre vessie, qui vous réveillera souvent au milieu de la nuit ou tôt le matin, créant ainsi une occasion parfaite pour essayer de vous souvenir des rêves d'au moins un ou deux cycles de sommeil paradoxal.

Le son des mots eux-mêmes est tout aussi important pour le symbolisme du nom. Vous pouvez être inspiré par les loups ou les chutes d'eau, mais un nom qui utilise ces mots exacts peut ne pas vous convenir. Dans ce cas, vous aurez peut-être envie de traiter le symbolisme de base comme un « ingrédient » sous-jacent que vous intégrerez à votre nom de manière à en obscurcir la signification pour les autres.

Exercice : Produire un nom barbare (ou le générateur de noms barbares)

Matériel nécessaire :

- Une bougie de n'importe quelle couleur
- Un jeu de Scrabble®
- Une pièce de monnaie
- Votre journal et un stylo

Ancrez-vous, centrez-vous, et alignez vos trois esprits.

Après avoir choisi quelques éléments clés qui vont inspirer la création de votre *persona* magique, écrivez-les sur une nouvelle page de votre journal. Il peut s'agir de qualités, de noms, d'animaux, de sons, de n'importe quoi... Dressez-en la liste, en les prononçant à voix haute un par un.

Tracez maintenant une ligne sous cette liste et, sous celle-ci, tracez une ligne verticale au centre de la page, pour créer deux colonnes. Dans la colonne de gauche, notez toutes les consonnes qui apparaissent dans les mots de la liste précédente. Dans la colonne de droite, notez les voyelles. Vous allez ainsi considérablement diminuer le nombre total de lettres avec lesquelles vous travaillerez pour la divination.

Choisissez les lettres du jeu de Scrabble® correspondant à celles que vous avez notées dans les deux colonnes, et faites-en deux piles distinctes. Retournez-les toutes et mélangez chaque pile ; vous obtenez ainsi deux piles randomisées, une pour les consonnes et une pour les voyelles.

Allumez la bougie et dites :

Au sein des ténèbres sacrées,
Guide ma main, flamme étoilée !
Lumière essentielle, révèle
Mon nom véritable éternel !

Maintenant, lancez la pièce : face pour une voyelle, pile pour une consonne. Tirez un jeton dans la pile appropriée et notez la lettre sur le papier. Répétez ce processus jusqu'à ce que vous ne puissiez plus vous conformer aux exigences de la pièce (par exemple, la pièce dit « voyelle » mais il n'y en a plus). Qu'avez-vous écrit sur la page ? Il est probable qu'il s'agisse d'un mélange de lettres apparemment aléatoire. Maintenant, reprenez les jetons et composez avec eux un mot que vous pouvez prononcer. Considérez ce mot comme un « nom barbare », un nom qui n'a peut-être aucune signification dans aucune langue, mais qui porte en lui la pure essence magique de votre désir. Commencez à prononcer ce mot. Laissez-le franchir vos lèvres de différentes manières. Sentez comment il se déplace dans votre bouche, sur votre langue. Est-ce un mot sensuel ? Un mot tranchant ? Est-il apaisant ou irritant ? Doux ou rugueux ? Est-ce un mot un peu bête ? Un mot de commandement ? Prononcez-le en lui donnant différentes inflexions, en mettant l'accent sur différentes syllabes. Imaginez que le son de ce mot est une énergie qui vous traverse pendant que vous parlez. Votre corps réagit-il à ce son ? Comment avez-vous envie de bouger ? Sentez-vous une réaction émotionnelle ? Si vous êtes sensitif, pouvez-vous discerner la signature énergétique produite par ce son ou cette sensation ? Faites cela pendant quelques instants ou plusieurs minutes (à votre choix), au moins assez pour vous faire une idée des sonorités de ce mot. Notez vos expériences sur ce mot dans votre journal.

Maintenant, vous pouvez réarranger les lettres et essayer de créer un autre mot, en faire l'expérience comme vous l'avez fait pour le premier et noter vos résultats dans votre journal. Vous pouvez également recommencer le processus depuis le début, en modifiant et en augmentant (ou en diminuant) le nombre de lettres disponibles.

❖❖❖

Avec de la pratique, vous pourrez modifier cet exercice pour vous aider à créer des mots magiques qui n'ont aucun sens pour les autres mais qui contiennent l'essence de l'intention que vous avez déterminée. En substance, ils seront devenus un sceau.

Car, en vérité, qu'est-ce qu'un nom sinon un sceau ? L'un et l'autre sont un symbole de la chose qu'ils représentent, mais sont considérés comme encore plus intimes : ils sont la chose même qu'ils représentent. Sur le plan magique, il n'y a pas de différence entre le sceau dessiné sur le papier ou maintenu visuellement dans l'esprit et la chose pour laquelle il a été créé. De même, je ne suis pas comme Storm. Je suis Storm. La poupée et la cible ne font qu'un. Et comme les sigils, nos noms ont de nombreux aspects cachés, qui pour être subtils n'en sont pas moins puissants.

Tout bon sort rassemble des éléments disparates en un point focal, touchant un point sensible magiquement puissant entre les associations mentales, l'assistance aux esprits et/ou aux énergies, et l'inspiration personnelle. Notre *persona* magique n'est pas différente. Tout comme les ingrédients individuels d'un sac de charme ou d'un flacon de sorcière, les histoires auxquelles nous pouvons nous connecter nous fournissent un élan de puissance que nous pouvons utiliser pour accélérer nos objectifs spirituels et magiques, les rapprochant toujours plus de leur réalisation.

Une fois notre imagination stimulée et les éléments soigneusement choisis, nous pouvons commencer à assembler ce que nous avons réuni pour en faire un tout cohérent et lui donner vie. Nous avons précédemment abordé l'idée de l'égrégore, un esprit ou une forme de pensée qui a été créé par la volonté collective d'un groupe de personnes. Explorons maintenant brièvement l'idée de ce que la magie du Chaos appelle un « serviteur ». Comme un égrégore, un serviteur est un esprit ou une forme-pensée qui a été créé par une volonté dirigée, qu'elle soit consciente ou inconsciente. Mais alors qu'un égrégore est créé par la volonté ou la croyance collective d'un groupe, un serviteur est créé par une seule personne. Il s'agit généralement de l'effort concerté d'un adepte ou d'un magicien, mais il peut aussi être créé spontanément par la volonté puissante d'un médium naturel.

Considérez chacun des éléments de nom que nous avons choisis comme des points d'accès à des esprits qui servent de puits d'énergie spirituelle. Ils nous permettent d'entrer en contact avec des moments de pouvoir avec lesquels nous pouvons nous aligner, en canalisant ce pouvoir dans nos propres pratiques magiques. En faisant cela, nous allons créer quelque chose qui ressemble à un serviteur. Ce ne sera pas une réalité séparée de nous-mêmes, cependant, mais plutôt une affirmation de notre nature profonde et le réalignement de notre nature consciente extérieure en relation avec elle. En cela, nous donnerons forme à ce qui n'était auparavant qu'un potentiel. Nous nous extrairons de notre imagination profonde, donnant naissance à notre véritable moi ou, du moins, donnant forme à une autre couche de notre vérité intérieure.

Il ne s'agit pas d'un événement instantané, où l'on adopte un nouveau nom et où l'on devient soudainement le magicien surpuissant que l'on s'imagine être quand on est seul, maître incontesté au milieu de son cercle magique ! Il s'agit d'un processus long et ardu, qui consiste à utiliser le nom et à faire en sorte que d'autres l'utilisent en retour ; petit à petit, on s'enfonce davantage dans la présence du nom, comme si l'on faisait une longue promenade dans un bois nouveau mais qui nous semble familier d'une certaine manière.

Mais que faire si vous n'avez toujours pas trouvé l'inspiration ? Supposons qu'après avoir étudié les plantes, les animaux, l'histoire, etc., vous ne parveniez toujours pas à choisir quelque chose qui vous convienne. Dans ce cas, vous pouvez à nouveau vous tourner vers l'intérieur et demander à votre esprit profond de vous accorder une inspiration magique.

Exercice : Puiser dans les plans intérieurs

Voici un simple script de méditation guidée conçu pour vous aider à voyager dans les plans intérieurs pour y trouver l'inspiration et la connaissance de votre vrai soi magique. Il s'inspire d'un travail que nous avons effectué au chapitre trois, dans lequel nous avons voyagé vers notre lieu de pouvoir. Vous pouvez vous enregistrer en train de le lire à haute voix pour pratiquer plus facilement cet exercice. Ou, si vous vous sentez à l'aise pour mémoriser uniquement les principaux points de repère, vous pouvez vous passer d'enregistrement.

Ancrez-vous, centrez-vous, et alignez vos trois esprits. Fermez les yeux. Imaginez que tout ce qui vous entoure s'évanouit dans une obscurité paisible.

Vous flottez dans cette obscurité… vous vous balancez doucement d'avant en arrière, porté par les vagues de votre respiration. Maintenant, imaginez que vous êtes ouvert à l'univers. Peut-être imaginez-vous cela comme une légèreté au sommet de votre tête ou dans votre cœur, ou dans une autre partie de votre corps. En respirant lentement et profondément, imaginez que vous laissez aller tout ce qui vous empêche de découvrir votre nature magique profonde. Inspirez… concentrez votre conscience dans votre corps… et expirez… détendez-vous, libérez-vous, renouvelez-vous. Quand vous vous sentez prêt, dites :

Je voyage sur les plans intérieurs
À la recherche de mon nom sorcier.

Imaginez maintenant qu'il y a devant vous un chemin qui serpente à travers une forêt inconnue. Suivez ce chemin et continuez de respirer lentement et profondément. Ce chemin s'étire et s'enroule, se courbe et fait des méandres. Remarquez qu'il vous fait traverser successivement différents environnements.

Vous arrivez maintenant à votre lieu de pouvoir, où vous êtes un puissant sorcier ou magicien, une puissante sorcière ou enchanteresse, etc. Utilisez le titre que vous préférez. Utilisez tous vos sens pour que cet endroit vous paraisse maintenant plus réel. Ressentez cette puissance en vous. Comment se manifeste-t-elle ? Comment la ressentez-vous ? Vérifiez vos sensations corporelles, et voyez si vous éprouvez quelque chose lié à ce sentiment de pouvoir magique intérieur. Percevez vos émotions.

Imaginez-vous au centre de votre pouvoir. Comment vous imaginez-vous ? Vous êtes dans un environnement qui contribue à faciliter ce sentiment de pouvoir intérieur.

Imaginez-vous en train d'utiliser la magie ici. Cela peut être n'importe quoi, petit ou grand.

Quelle magie avez-vous pratiquée ? Quels changements se produisent dans ce lieu quand vous vous imaginez en train de faire de la magie ? Remarquez tous les éléments qui peuvent se présenter à vous dans cet environnement. Voici quelques éléments courants à rechercher : des animaux, plantes ou pierres, des personnages historiques, des ancêtres et d'autres esprits. Prenez simplement note de tout ce qui se manifeste au cours de ce voyage.

Lorsque vous avez terminé, retournez à votre conscience normale et notez vos expériences dans votre journal.

Projet artistique : Portrait du soi magique

Matériel nécessaire : Des fournitures artistiques, tout ce que vous voulez : du papier, des stylos, de la peinture, des marqueurs, des crayons de couleur, des pastels, des crayons, des logiciels d'image numérique, des morceaux de papier coloré, des images découpées dans des magazines, de l'argile, du papier mâché, etc.

Les projets artistiques sont un moyen amusant et efficace d'atteindre le cœur de notre pouvoir et de notre poison. Nombreux sont ceux qui ont étudié avec moi et qui ont été extrêmement surpris de l'expérience intense que représente la construction d'un de ces projets et de la profondeur inattendue des idées qu'ils peuvent révéler.

La tâche est assez simple en apparence : élaborer une œuvre d'art qui décrit votre pouvoir et votre être le plus profond. C'est votre soi magique, cette image évoquée dans l'astral qui vous emplit d'un sentiment de pouvoir magique et de contrôle. C'est de l'imagination concentrée, mais ce n'est pas une illusion ; vous la faites surgir depuis les profondeurs intérieures de votre désir et de votre créativité, qui sont essentiels à la réussite de la magie.

Vous pouvez utiliser n'importe quel support. Votre œuvre peut avoir n'importe quel style. Les seules règles sont qu'elle doit être personnelle et authentique. En dehors de cela, tout est permis.

Quand vous avez fini, contemplez longuement votre réalisation. Que voyez-vous ? Pourquoi avez-vous choisi certaines couleurs ? Pourquoi y a-t-il des lignes plus sombres ici plutôt que là ? Y a-t-il des textures ? Y a-t-il des formes et des symboles ? Y a-t-il des mots ? S'agit-il d'une scène d'action ? Que se passe-t-il ?

Ancrez-vous, centrez-vous, et alignez vos trois esprits.

Ouvrez vos yeux et regardez votre œuvre. Regardez-la avec ce regard doux et aimant qu'un amoureux peut porter sur sa bien-aimée. Un regard perméable. Un regard réceptif.

Concentrez votre imagination sur l'idée que votre réalisation est un portail qui ouvre sur les profondeurs de votre pouvoir. Là, vous existez en parfaite harmonie avec la présence vivante de l'univers ; vous vivez et respirez la magie ; elle vous nourrit, vous soutient et vous élève. Dans ce monde, vous êtes puissant. Imaginez-vous comme un adepte de la magie, plein de pouvoir, d'habileté, de sagesse et de discernement. Essayez d'imaginer ce que vous ressentez. Ce sentiment imaginé fait réagir vos corps énergétiques subtils, qui prennent vie et changent de focalisation et de fréquence. Imaginez que vous regardez maintenant à travers votre œuvre d'art.

Dites :

Image que j'ai façonnée,
Révèle la porte cachée
Qui mène là où je saisis,
Tout au fond de moi, la magie !

Fermez les yeux et imaginez que vous traversez votre œuvre d'art pour entrer dans un monde défini non pas par la matière, mais par l'énergie. C'est un lieu de pure conscience dont la substance se plie à votre volonté imaginée. Puisqu'il s'agit d'un lieu à l'intérieur de vous-même, il peut être ce que vous voulez qu'il soit. Et en fait, il faut qu'il soit comme vous le souhaitez. Il change de forme et se modèle pour donner l'environnement de votre choix. Prenez juste note dans votre esprit : Quel est cet endroit ? Comment vous apparaît-il ? S'agit-il d'un environnement naturel ? Est-ce un bâtiment ? Autre chose ? Encore une fois, faites appel à tous vos sens pour le rendre plus réel.

Passez un certain temps (au moins cinq à dix minutes) à observer tranquillement. Vous rencontrerez peut-être d'autres êtres et esprits qui vous communiqueront ou vous montreront quelque chose. Ou bien vous pouvez simplement rester ici en silence. Les deux expériences sont parfaitement valables. Le but de ce type d'exercice sur les plans intérieurs est d'aider à développer la capacité de passer d'un mode de conscience à un autre et d'apprendre à discerner les différences subtiles qu'il y a entre eux.

Lorsque vous avez terminé, assurez-vous de noter les détails dans votre journal pendant qu'ils sont encore frais. Souvent, ces souvenirs s'évaporent après le retour à la conscience « normale », mais ces détails peuvent s'avérer vitaux lorsqu'ils sont vus sous un autre angle par la suite. Donc, même si le détail semble insignifiant, notez-le.

❖❖❖

Après avoir été suffisamment inspiré par l'histoire, la mythologie et le monde naturel, nous pouvons maintenant commencer à rassembler le tout et à construire une forme reconnaissable. Nous allons maintenant nourrir les graines de notre inspiration pour qu'elles donnent naissance à la *persona* de pouvoir que nous recherchons ardemment.

Troisième partie :
Le choix et l'assemblage

Chapitre huit :
De la graine au fruit

« Ce qui compte, ce n'est pas le nom qu'on vous donne,
c'est celui auquel vous répondez. »

Phrase attribuée à

W. C. Fields.

Source inconnue

Nous avons semé nos graines de l'inspiration dans l'espoir que certaines prennent racine. Mais comme toutes les graines, elles doivent être arrosées pour devenir fortes et porter le fruit de nos désirs. Nous allons maintenant nous servir de ce que nous avons appris pour façonner quelque chose de cohérent que nous pourrons ensuite nous appliquer à nous-mêmes en un acte de pouvoir personnel. Car le nom que nous choisissons de nous donner en dit beaucoup plus sur notre nature intime que tout ce qu'autrui pourrait essayer de nous attribuer. Et nous pouvons ainsi cultiver et exprimer plus pleinement ce pouvoir intérieur.

Cependant, même dans les cas où un nom nous est donné par notre professeur ou un ancien spirituel, il y a un pouvoir personnel dans la prise de ce nom. Nous ne sommes pas simplement des agents passifs entièrement soumis aux caprices et aux désirs des autres au cours de notre voyage spirituel. Que le nom que nous utilisons soit celui que nous nous donnons ou celui qui nous est donné, il nous appartient de l'accepter activement ou non. Sur ce point, le choix dépend toujours de nous.

En fin de compte, c'est vous, et vous seul, qui décidez de prendre un nom magique, tout comme c'est vous qui décidez si ce nom sera public, privé ou un peu des deux. Quel que soit l'emploi auquel nous le destinions, notre nom magique est une affirmation personnelle, une incantation orale et écrite d'une connexion approfondie avec le divin en nous et, par extension, avec le divin tout autour de nous.

Si nous recevons un nom de notre *coven* ou de notre tradition, alors une grande partie de ce travail aura été faite pour nous, et notre plus grande décision sera de voir comment nous nous sentons avec ce nom en l'essayant comme une nouvelle paire de chaussures, pour voir comment nous pouvons nous y habituer. Mais si nous sommes arrivés jusqu'ici et si nous souhaitons prendre formellement un nom de notre choix, alors nous devons maintenant puiser dans ces éléments fondamentaux qui nous ont inspirés et en faire quelque chose qui nous convienne, à la fois comme une affirmation de notre nature intérieure et comme un principe directeur qui nous fasse avancer sur le chemin de notre développement spirituel et magique.

Jusqu'à présent, nous avons découvert les graines d'inspiration de ce qui finira par devenir notre nom magique ; il est maintenant temps de les cultiver et de les entretenir. Pour cet exercice, nous allons faire pousser une plante et la regarder grandir. Ne vous inquiétez pas, vous n'avez pas besoin d'avoir la main verte pour le réussir, car nous avons choisi l'une des plantes les plus faciles à faire pousser à partir d'une graine : le petit haricot.

Sort :
Le haricot magique
des rêves

Matériel nécessaire :

- Quelques haricots pinto séchés (la plupart de ceux que vous achetez à l'épicerie feront l'affaire)
- Un récipient en terre cuite de 20 centimètres de diamètre ou davantage, avec un trou de drainage et un plat
- Assez de terreau pour remplir le récipient
- Un petit morceau de papier, mesurant au maximum 15 x 15 centimètres
- Un stylo
- Un marqueur permanent ou une peinture artisanale de votre choix

Ancrez-vous et centrez-vous. Alignez vos esprits. Commencez par dessiner (ou peindre) le symbole d'un œil ouvert sur le pot. Concentrez-vous sur le fait que ce symbole est un centre magique pour votre conscience intérieure approfondie qui vous permettra de mieux « voir » quels éléments du nom s'alignent avec votre esprit.

Ensuite, écrivez sur la feuille de papier chacun des éléments de nom que vous avez choisis comme potentiels pour votre nom magique. Ces éléments ne doivent pas nécessairement correspondre ou aller ensemble ; il peut s'agir d'une série d'éléments de nom qui vous plaisent ou même d'une liste de noms plus complets que vous envisagez. Si vous envisagez déjà un nom particulier, écrivez-le. Pliez ce papier en deux, puis encore en deux, et placez-le dans le pot. Remplissez le pot de terre.

Placez maintenant deux des haricots avec leurs « yeux » vers le bas dans la terre, à une distance de 10 à 15 centimètres et à une profondeur de 2 à 5 centimètres. Tenez les mains au-dessus du pot et imaginez qu'une chaude lumière dorée émane d'elles, imprégnant le sol de votre intention tandis que vous dites :

Haricots, haricots, cachés à la lumière,
Vous donnerez la vue, et l'art et la manière
Pour que mon nom secret monte des profondeurs,
Sorte de mon sommeil et entre dans mon cœur.

Ajoutez de l'eau pour humidifier les deux premiers centimètres du terreau. Gardez le pot à la lumière directe du soleil si possible et arrosez lorsque les deux premiers centimètres sont secs. Chaque soir avant de vous coucher, allez voir vos haricots magiques et récitez l'incantation. Imaginez que les graines de votre nom (ou le nom lui-même) sortent lentement des profondeurs (votre subconscient) pour entrer dans la lumière et dans votre conscience (votre cœur). Surveillez vos rêves et n'oubliez pas de les noter dans votre journal. Notez tout ce qui semble pertinent par rapport aux composantes du nom que vous avez choisi ; vous pouvez également recevoir des messages et des inspirations sans rapport avec ce que vous aviez choisi. Continuez à prendre soin de la plante jusqu'à ce qu'il soit temps de procéder à la récolte, soit pendant quatre-vingt-dix à cent vingt jours, après quoi vous pouvez détacher les gousses de haricot en les coupant au moyen d'une paire de ciseaux propres. Vous pouvez également les récolter plus tôt si vous le souhaitez. Mangez-les en un rituel pour intégrer en vous le symbolisme du rêve que vous avez vécu.

❖❖❖

Un rituel ou un sort tel que celui décrit ci-dessus peut nous aider à passer en revue tous les symboles et toutes les images que nous envisageons, afin de réduire l'éventail des choix qui s'offrent à nous. Maintenant que nous avons (espérons-le) moins d'éléments en jeu, nous pouvons les affiner encore plus en les regardant à travers différentes lentilles. L'une des approches les plus courantes fait appel à nos origines ancestrales.

Si mon propre nom me semble correct dans ma langue maternelle, tout le monde ne souhaite pas porter un nom aussi manifestement incongru au regard des conventions dominantes. En particulier dans les cas où le nom sera utilisé en dehors d'un espace magique, certains souhaiteront peut-être occulter davantage les éléments de leur nom pour les « cacher » à la vue de tous. On peut par exemple traduire ces éléments dans une autre langue ; et ici, nous pourrions souhaiter entendre nos éléments de nom dans la langue (ou les langues) de nos ancêtres.

Si je m'étais senti obligé d'agir ainsi, j'aurais peut-être utilisé une combinaison de *stoirm* (« tempête »), *sióg* (« fée ») et *mac tíre* (« loup »), étant donné que l'Irlande est la patrie de bon nombre de mes ancêtres. J'aurais aussi pu puiser dans la langue de mes ancêtres écossais (*stoirm*, *sìthiche*, *allaidh*) ou gallois (*storm*, *tylwyth teg*, *blaidd*), ou même suédois (*storm*, *fe*, *varg*). Aucun de ces mots (à l'exception peut-être de ceux en suédois) ne me semble particulièrement facile à prononcer, pour moi qui ne parle pas ces langues. C'est là une considération importante : voulez-vous être la personne méprisée (à juste titre) par les locuteurs d'une langue parce que vous vous êtes approprié des mots que vous ne pouvez même pas prononcer correctement pour composer votre propre nom ? Probablement pas ; mais cela pourrait être l'occasion de vous plonger plus profondément dans l'étude des langues et des cultures de vos ancêtres, ce qui vous reliera davantage à de profonds puits de pouvoir.

Après avoir passé au crible nos diverses inspirations, nous pouvons nous retrouver avec un méli-mélo de références historiques et mythologiques, d'animaux, de pierres, etc., sans pour autant nous sentir plus près de choisir un nom. C'est là que nous pouvons à nouveau faire appel à notre journal pour nous aider à séparer le bon grain de l'ivraie, pour ainsi dire.

Entrée de journal : *E pluribus unum*, « De plusieurs, un seul »

Une fois encore, nous nous tournons vers notre journal pour nous aider à faire le tri dans le chaos et à trouver, parmi les divers mythes, symboles, noms et sonorités, ceux qui sont en résonance avec nos idéaux magiques.

Ancrez-vous et centrez-vous. Alignez vos esprits. Passez au moins cinq minutes en méditation, en contemplant tout ce qui vous semble vous avoir parlé au cours du travail précédent. (Vous souhaiterez peut-être régler un minuteur pour pouvoir vous détendre plus complètement dans ce travail.) Pendant ce temps, remarquez simplement si certains animaux, pierres, étoiles, personnages historiques, noms et même sons vous ont attiré, et contemplez-les maintenant en silence. Quand l'un d'entre eux vous vient à l'esprit, remarquez ce que vous ressentez à son égard, puis notez un ou deux mots-clés décrivant ces sentiments.

Par exemple, si je contemplais le symbole du loup, je pourrais écrire : « fort, loyal, intelligent, protecteur ». En contemplant le symbole de la tempête, je pourrais écrire : « chaotique, immense, puissant » et paradoxalement, en considérant son « œil » central, peut-être même « calme, centré ». Pour la fée, je pourrais écrire : « nébuleux, magique, mystérieux, dangereux, beau ». Il n'y a pas de mauvaises réponses ; écrivez simplement ce que vous ressentez et essayez de ne pas juger.

Si vous avez du mal à discerner ce que vous ressentez, essayez de vous concentrer davantage sur votre corps afin de stimuler votre conscience spirituelle/mentale/émotionnelle. Vous pourriez obtenir des résultats tels que : « Wolf ("loup") : poitrine ouverte, tête haute, fourrure douce, réconfortant, dents nues, hurlement à la lune » ; « Storm ("tempête") : mouvement, épaules en arrière, sentiment d'exaltation, ombre et lumière, vent et pluie, coup de foudre, picotement, aigu » ; ou « Faery ("fée") : flottant, grand, ailes étendues, léger comme une plume, léger comme une étoile, lourd comme une pierre, sombre comme la nuit ». Encore une fois, il n'y a pas de mauvaises réponses, il s'agit simplement de vous permettre d'explorer ce que vous ressentez pour chaque élément du nom avant de passer à autre chose.

Une fois que vous avez terminé, regardez ce que vous avez écrit. Certains éléments vous surprennent-ils ? Trouvez-vous des traits positifs ou négatifs que vous n'aviez peut-être pas envisagés auparavant ? En sachant mieux ce que vous ressentez pour chaque élément, cela confirme-t-il ou infirme-t-il vos désirs initiaux à leur égard ? Si vous vous retrouvez maintenant à rejeter certains éléments, vous souhaiterez alors revenir en arrière et réexaminer ces graines d'inspiration, et peut-être effectuer à nouveau certains des exercices précédents pour vous aider à entrer en contact avec d'autres parties de votre soi intérieur avant d'essayer à nouveau cet exercice. Il se peut que vous souhaitiez effectuer cet exercice plusieurs fois pour mieux discerner vos sentiments à l'égard de chaque élément du nom avant de passer à la suite.

Entrée de journal : L'assemblage

Nous allons maintenant rassembler toutes nos composantes pour (enfin, nous l'espérons) créer notre nom magique. Parmi tous les éléments de nom qui vous ont inspiré tout au long de votre parcours, quelques-uns devraient vous parler plus que les autres. Il s'agit peut-être d'une combinaison de noms d'animaux, de plantes, de pierres, ou issus de la mythologie ou de l'histoire. Il peut s'agir de noms tout à fait ordinaires, mais qui présentent pour vous une signification particulière en raison de vos origines ou de vos préférences théologiques. Ou peut-être s'agit-il de noms ou de mots tirés de la littérature que vous avez trouvés particulièrement inspirants. Quels qu'ils soient, écrivez-les dans votre journal et commencez à les contempler lorsque vous êtes assis dans un état d'ancrage et d'alignement. Quels pouvoirs chacun d'eux vous apporte-t-il ? Qu'ont-ils à vous offrir ? Faites des expériences : essayez différentes combinaisons, pour voir comment elles se présentent à l'écrit et comment elles sonnent lorsqu'elles sont prononcées à voix haute. « Lune Améthyste » donne une sonorité et une impression très différentes de « Améthyste Lune ». « Storm Siόg Mac tire » est complètement différent de « Mac tire Storm Siόg ». Remarquez ce que vous éprouvez pour chacune de ces combinaisons. Essayez de ne pas trop réfléchir. Faites cela pendant au moins cinq à dix minutes.

À ce stade, il s'agit davantage de votre intuition que de votre processus de pensée rationnel. Expérimentez. Imaginez-vous en train de réagir quand on vous appelle par l'une ou l'autre des différentes combinaisons que vous testez. Comme dans la citation qui ouvre ce chapitre, ce qui compte, c'est davantage la manière dont vous réagissez que le nom que l'on peut vous donner. Ce nom doit être le vôtre. Prenez tout le temps qu'il vous faut pour être sûr qu'il vous convienne.

Maintenant que nous disposons d'un nom potentiel, nous allons aller un peu plus loin pour déterminer les puissances émotionnelles qu'il fait surgir en nous.

Entrée de journal : Ressentir le nom

Ancrez-vous et centrez-vous. Alignez vos esprits. Contemplez le nom que vous pensez utiliser. Demandez à voix haute :

Suis-je < nom magique proposé > ?

Remarquez ce que vous ressentez à ce moment-là : vous vous sentez peut-être un peu idiot, surtout si vous vous proposez d'utiliser un nom inhabituel. Ce n'est pas grave. Contentez-vous d'observer simplement sans jugement. Prenez quelques minutes pour noter tout ce que vous ressentez.

Quels sont vos sentiments à l'égard de ce nom ? A-t-il éveillé en vous quelque chose de puissant ? A-t-il fait naître des sentiments de culpabilité, de honte, de fierté ou de pouvoir ? Qu'est-ce qui a été éveillé ? Vous sentez-vous confiant ou faible ? Est-ce que cela stimule ou affaiblit votre énergie vitale ?

❖❖❖

Avant de prendre une décision définitive, interrogez-vous sur le contexte dans lequel ce nom sera utilisé. L'utiliserez-vous uniquement quand vous êtes seul ? Avec vos partenaires ? Avec votre *coven* ? Dans les salons de discussion en ligne ? En public ? L'usage que vous comptez faire de ce nom peut déterminer la manière dont vous allez l'élaborer. En ce qui me concerne, j'utilise mon nom magique dans ma vie de tous les jours, mais tout le monde n'a pas forcément envie d'en faire autant. Pour un usage au quotidien, vous aurez peut-être envie d'un nom plus facile à accepter par le public. Il s'agit là d'un élément à prendre en considération avant de faire le grand saut, et qui peut même vous amener à prendre plus d'un nom magique. J'en ai moi-même plusieurs : mon nom magique public, d'autres qui sont spécifiques aux traditions dans lesquelles j'ai été initié, et même un nom qui n'est connu que de moi et des dieux avec lesquels je travaille. Et tous ces noms sont distincts de mon nom légal, qui incorpore des éléments de la magie mais qui est également différent du nom que j'ai reçu à ma naissance. Chacun d'eux porte une charge différente et me permet d'accéder à différents courants de pouvoir magique que je peux utiliser de diverses manières, en fonction du cadre et de la situation. Phoenix LeFae, auteur de *Walking in Beauty*, donne quelques conseils pratiques à ce sujet :

> *Si vous voulez aller plus loin et en faire un nom que vous utilisez en dehors d'un contexte magique, alors je vous recommande vivement de l'essayer avant de l'adopter. Par exemple, utilisez-le lorsque vous commandez un café, quand vous allez faire vos courses ou faire réparer votre voiture ; donnez ce nom aux personnes dont vous savez qu'elles auront besoin de le crier pour que tout le monde l'entende. Parlez-en à vos amis proches, et dites-leur de vous appeler par ce nom. Vous découvrirez peut-être ainsi qu'il ne vous convient pas. Plutôt que de tout changer dans votre vie pour un nouveau nom et de découvrir ensuite que ce n'est pas celui qu'il vous faut, il vaut mieux le mettre à l'essai pendant un petit moment.*

Vous pouvez également vous aider de votre journal pour mettre tout cela au point.

Entrée de journal : Public ou privé ?

Ancrez-vous et centrez-vous. Alignez vos esprits.

Divisez une page de votre journal en trois colonnes : « Public », « *Coven* » et « Privé » (vous pouvez adapter ces colonnes pour mieux répondre à votre situation particulière, par exemple en utilisant seulement « Public » et « Privé », ou « *Coven* » et « Privé », ou toute autre configuration qui vous conviendra mieux).

Maintenant, dites à haute voix le nom que vous vous proposez d'adopter en vous concentrant sur une seule de ces colonnes. Par exemple, en vous concentrant sur la colonne « Public », dites votre nom et imaginez-vous dans un lieu public. Remarquez la réaction que vous éprouvez. Notez tout ce qui vous vient à l'esprit, « bon, mauvais, indifférent ». Essayez de ne pas trop réfléchir. Contentez-vous d'écrire ce qui vous vient à l'esprit ou ce que vous ressentez dans vos tripes. Consacrez au moins une ou deux minutes à répéter votre nom pendant que vous contemplez l'usage ou le cadre proposé. Une fois que vous avez terminé, passez à la colonne suivante et répétez le processus. Procédez ainsi jusqu'à ce que vous ayez passé au moins une minute ou deux à écrire dans chaque colonne.

Relisez maintenant ce que vous avez écrit. Comprenez que, surtout dans un contexte public, vous pouvez vous sentir gêné, un peu idiot, etc. C'est tout à fait normal ; ces réactions ne signifient pas nécessairement que vous ne devriez pas utiliser ce nom en public, mais tout simplement qu'avant de le faire vous devez affronter et régler certaines réactions émotionnelles. Elles peuvent en fait provenir d'un sentiment de peur : la peur qu'on vous fasse honte ou qu'on vous ridiculise, la peur de ne pas vous intégrer ou d'être perçu sous un jour négatif. À cela, je réponds, rappelez-vous le dicton sorcier : « Là où il y a de la peur, il y a du pouvoir[50]. » Nous cherchons à récupérer le pouvoir de nos peurs plutôt que de les laisser bloquer notre

50. Starhawk, *Dreaming the Dark: Magic, Sex, and Politics*, *Boston, Beacon Press*, 1982, rééd. 1988, p. 47.

développement. N'oubliez pas que ce voyage n'appartient qu'à vous. Vous seul pouvez décider de ce qui est le mieux pour vous.

❖❖❖

Après avoir choisi un nom qui, enfin nous l'espérons, représente notre présence magique intérieure, il reste encore une étape à franchir avant de finaliser notre décision. Parce qu'une grande partie de la magie consiste à se connecter à divers courants de pouvoir disparates, nous allons maintenant utiliser le pouvoir des nombres pour nous aider à affiner ce nom afin qu'il soit davantage en accord avec notre personnalité magique, en améliorant sa graphie.

La numérologie et le soi intérieur

L'étude occulte de la manière dont la vibration des nombres construit et influence le monde, connue sous le nom de « numérologie », remonte au philosophe antique Pythagore. Bien qu'il n'ait pas pratiqué lui-même ce que nous appelons aujourd'hui la « numérologie », il pensait, comme les autres philosophes de son époque, que les concepts mathématiques étaient à la base de l'existence physique. Au fil du temps, cette croyance a évolué vers un système permettant de discerner l'essence cachée d'une chose en calculant son nombre fondamental. Cette pratique peut donc nous être d'une grande utilité à ce stade. Dans l'esprit de la numérologie, tout est associé à un nombre ou à une série de nombres. En utilisant une clé numérologique et un simple processus mathématique, nous pouvons déterminer l'essence spirituelle d'une chose en fonction de nombreux facteurs différents, y compris sa date d'origine et même son nom. Il s'agit d'un langage symbolique qui exprime certaines vérités spirituelles, mais en dehors des limites de ce que nous considérons normalement comme une pensée rationnelle. Il s'adresse à une couche cachée de la réalité, celle qui est régie par les mathématiques et les vibrations.

Appliquée au choix d'un nom magique, la numérologie est probablement l'une des techniques les plus faciles à utiliser pour le sorcier débutant. Non seulement ce processus nous permettra d'approfondir l'essence magique cachée des noms que nous choisirons d'adopter, mais nous pourrons également nous en servir pour « sculpter » notre nom et en faire un talisman magique. La règle générale serait de choisir une vibration numérologique qui soit en résonance avec notre être profond. Et tout comme en astrologie, ce nombre est déterminé avant tout par la date de notre naissance.

Votre formule numérologique est assez simple : convertissez la date en chiffres, puis additionnez-les. Réduisez votre résultat à un seul chiffre en additionnant les chiffres individuels de vos totaux, en prenant soin de les réduire individuellement au fur et à mesure. Par exemple, supposons que votre date de naissance soit le 9 décembre 1987. En convertissant cette date en une équation numérologique, nous obtenons 12 + 9 + 1987, soit 2008. Nous prenons ce nombre et le réduisons en additionnant les chiffres : 2 + 0 + 0 + 8 = 10. Nous voulons réduire le nombre jusqu'à obtenir un seul chiffre, nous allons donc le réduire davantage : 1 + 0 = 1. Le chiffre 1 est la vibration de la date de votre naissance ; c'est un « nombre de pouvoir » particulier (dans ce contexte, on l'appelle souvent « nombre du chemin de vie »).

Une attention particulière est accordée aux nombres 11 et 22, qui sont appelés nombres maîtres. Ces deux nombres représentent une vibration plus élevée de leurs valeurs fondamentales (c'est-à-dire que 11 est une vibration plus élevée de 2 et 22 une vibration plus élevée de 4) et apportent des forces supplémentaires ainsi que des défis à affronter. Parfois, les numérologues modernes incluent également 33 et 44, bien que ceux-ci soient moins conventionnels et ne soient pas utilisés ici. La question des nombres maîtres fait l'objet de nombreux débats parmi ceux qui étudient la numérologie ; je vous conseille de consulter une sélection variée de livres sur le sujet.

Lorsque vous calculez votre nombre, il est important de garder les trois valeurs (c'est-à-dire le mois, le jour et l'année) séparées jusqu'à la fin de vos calculs afin d'éviter de parvenir à un résultat incorrect, qui pourrait vous donner à tort un nombre maître. Par exemple, considérons la date de naissance du 5 avril 1977. En additionnant tous les chiffres en une seule fois (4 + 5 + 1 + 9 + 7 + 7), on obtient 33, et on pourrait en conclure que cette date porte le nombre maître moderne de 33 (en supposant que l'on utilise ce système) ; mais ce serait inexact. Ce n'est qu'en procédant par étapes distinctes que nous pouvons arriver au résultat correct, qui dans le cas présent est simplement 6. On doit d'abord réduire l'année (1 + 9 + 7 + 7 = 24 et 2 + 4 = 6), et ce n'est qu'ensuite qu'on ajoute son nombre à ceux du mois et du jour. Par conséquent, l'équation correcte pour le 5 avril 1977 est 4 + 5 + 6 = 15, et 1 + 5 = 6.

Une fois déterminé le nombre de notre chemin de vie, nous aurons un aperçu de certaines des forces et des faiblesses inhérentes à notre être profond.

Les nombres des chemins de vie et leurs significations

1. Ces personnes sont des leaders nés, et sont généralement considérées comme des pionniers indépendants et novateurs. Elles peuvent faire de grands entrepreneurs et n'hésitent généralement pas à prendre des risques. En négatif, elles peuvent être égocentriques, autoritaires et vouloir contrôler autrui.

Carte du tarot : Le Bateleur (Le Magicien)

2. Les personnes ayant un nombre de chemin de vie de 2 ont tendance à entretenir de bonnes relations avec tout le monde, et font de bons médiateurs et diplomates. Elles recherchent l'harmonie et sont généreuses, intuitives, solidaires et compatissantes. Comme elles peuvent souvent voir les deux côtés d'un argument, elles peuvent être indécises et même rancunières si la générosité dont elles font preuve envers les autres n'est pas réciproque.

Carte du tarot : La Papesse (La Grande Prêtresse)

3. Ces personnes sont de grands penseurs et sont dynamiques, créatives et artistes. Elles ont tendance à être attirées par les activités qui apportent de la beauté au monde et excellent à servir la communauté. Elles font de grands universitaires ou réussissent dans tout domaine où elles peuvent déployer une activité intellectuelle. En négatif, elles peuvent être dissipées, superficielles, condescendantes et même naïves.

Carte du tarot : L'Impératrice

4. La forme géométrique du 4 est un carré, qui symbolise à la fois la stabilité, les limites et la retenue. Les personnes qui ont le 4 comme nombre de chemin de vie sont généralement considérées comme ayant les pieds sur terre, comme étant stables et pragmatiques, et font d'excellents ouvriers qualifiés, gestionnaires, médecins et techniciens. En négatif, elles peuvent être trop conservatrices, têtues, matérialistes et dogmatiques.

Carte du tarot : L'Empereur

5. La devise des personnes 5 est « liberté et souplesse ». Elles ont tendance à résister aux restrictions conventionnelles et aiment suivre leurs propres règles. Elles sont toujours à la recherche du prochain défi ou de la prochaine aventure et ont un profond besoin d'explorer tout ce que la vie a à offrir. Elles sont énergiques et s'adaptent facilement. Elles font d'excellents artistes, acteurs et entrepreneurs ; tout ce qui ne les oblige pas à adhérer à un régime strict de restrictions extérieures. D'un autre côté, comme elles peuvent être trop résistantes aux règles et aux conventions, elles peuvent être peu fiables et même parfois enclines à des activités illégales.

Carte du tarot : Le Pape (L'Hiérophante)

6. Si les personnes ayant 2 comme nombre de chemin de vie recherchent l'harmonie, celles qui ont le nombre 6 vont encore plus loin. Elles ont une capacité naturelle à synthétiser et à harmoniser les personnes et les situations grâce à leur attitude attentionnée et dévouée. Ce sont des romantiques nés, qui peuvent être idéalistes et sont attirés par les préoccupations humanitaires. D'un autre côté, étant donné qu'elles peuvent être le centre de l'attention, elles peuvent se laisser aller et cesser de chercher à s'améliorer, devenant plutôt passives et détachées.

Carte du tarot : L'Amoureux (Les Amoureux)

7. Ces personnes recherchent la connaissance sous toutes ses formes. Les 7 ont tendance à s'intéresser à la spiritualité, et peuvent être attirés par le mysticisme et l'occultisme, ou par tout ce qui leur permet d'explorer leur monde intérieur, en tant que philosophes ou même dans le clergé. Si elles ne sont pas portées à la spiritualité ou au mysticisme, elles peuvent trouver leur place dans les arts créatifs, comme le théâtre, qui leur permet d'explorer ce domaine de façon plus « profane », et dans des domaines où elles peuvent représenter une autorité, comme magistrat, avocat ou scientifique. Les 7 sont perspicaces et peuvent être mystérieux, car ils sont souvent dans leur propre tête. En négatif, ces personnes peuvent être secrètes et même soupçonneuses.

Carte du tarot : Le Chariot

8. Ce chemin de vie est associé à l'ambition, à la force et à la richesse matérielle. Les personnes ayant un chemin de vie 8 font d'excellents professionnels et sont persévérantes, confiantes et indépendantes. Elles occupent souvent des postes d'autorité et sont généralement préoccupées par les droits des plus défavorisés. Les aspects les plus sombres sont le sentiment que tout leur est dû, un matérialisme excessif et de l'impatience envers ceux qui dépendent d'elles.

Carte du tarot : La Justice (tarot de Marseille), La Force (tarot Rider-Waite Smith)

9. Ces personnes sont idéalistes, ambitieuses et honnêtes ; en fait, elles sont souvent si honnêtes qu'elles ne se rendent pas toujours compte que tout le monde n'est pas comme elles à cet égard. Elles ont une tendance à l'utopie, et donneront généralement de l'argent aux pauvres plutôt que de l'économiser pour elles-mêmes. Les 9 sont imaginatifs et artistes. Leur côté sombre révèle des traits de caractère comme le fait d'être trop restrictif, rancunier et même hypocrite.

Carte du tarot : L'Hermite

Les nombres maîtres

Si le calcul de votre chemin de vie donne l'un de ces deux nombres doubles, alors après réduction finale à un seul chiffre la vibration de ce chiffre unique est portée par un nombre maître qui démultiplie sa puissance.

10. En plus des caractéristiques du chemin de vie 2, les 11 sont souvent considérés comme des guérisseurs souffrants, qui transforment leur propre douleur en compassion pour autrui. Ils sont intuitifs et ont tendance à être liés à des personnes et des événements fortuits qui semblent surgir pour eux de nulle part. Ils ont tendance à s'intéresser à la spiritualité, mais cela peut les distraire des préoccupations et des relations ordinaires. Ils font d'excellents ministres, enseignants et travailleurs sociaux.

Carte du tarot : La Justice (tarot Rider-Waite Smith), La Force (tarot de Marseille)

11. Souvent appelées des « maîtres bâtisseurs », les personnes avec ce nombre de chemin de vie adoptent l'attitude de travailleur acharné du 4 et en font un moyen de changer le monde. Elles ont un potentiel presque illimité et peuvent créer des systèmes et des formes qui peuvent littéralement changer la réalité. Elles ont

tendance à guider depuis les coulisses plutôt que de s'exposer à la lumière des projecteurs ; elles s'intéressent davantage au travail lui-même qu'à la gloire qui peut y être attachée. L'aspect négatif est lié à la peur et au matérialisme manifeste. S'il ne le règle pas en l'affrontant pas, un 22 peut se trouver paralysé par la peur et incapable d'atteindre son potentiel, ou se concentrer uniquement sur le monde matériel et devenir avare et amer.

Carte du tarot : Ici, nous avons un choix. Il y a vingt-deux arcanes majeurs, mais seules vingt et une sont numérotées ; le Fou, qui est le novice dans le processus archétypal, porte le numéro 0 et est à la fois le début et la fin du cycle alchimique. Cela signifie que le Monde (XXI) est en fait le vingt-deuxième arcane majeur. Pour cette raison, vous pouvez faire correspondre l'une de ces cartes ou les deux à ce nombre maître, comme vous le souhaitez.

Comme toujours, utilisez votre intuition pour déterminer ce qui vous convient le mieux, et rappelez-vous : tout ceci a été inventé par quelqu'un à un moment donné ; êtes-vous sûr que ce quelqu'un en savait davantage que vous ?

Votre nom est compté

En plus de notre nombre de chemin de vie, nous pouvons déterminer la vibration numérologique des mots eux-mêmes ; cela inclut bien sûr les noms que nous utilisons.

Si la numérologie traditionnelle accorde une attention quasi exclusive au nom de naissance d'une personne, dans les cercles modernes on comprend de plus en plus que – à moins que ce ne soit celui qui est utilisé – le nom de naissance d'une personne n'est pas plus significatif qu'un autre. Ce qui compte, ce sont les noms que nous employons pour nous décrire, que nous choisissions des surnoms, des noms magiques ou même simplement des initiales. Chacun porte une vibration, certes, mais ceux dont on se sert le plus sont constamment alimentés et renforcés, et ils nous nourrissent et nous renforcent. Je n'utilise jamais mon nom de naissance. Pour moi, ce n'est rien de plus qu'une note administrative m'indiquant où j'ai été, mais ce n'est pas le nom dont je me suis servi pendant la majeure partie de ma vie. Ce qui compte, c'est ce que j'utilise maintenant, ce à quoi je réponds.

Une fois que nous avons déterminé le nombre de notre but dans la vie, nous sommes davantage en mesure de choisir un nom qui soit en harmonie numérologique avec lui.

Le tableau suivant (qui figure dans presque tous les livres et sites Internet traitant de numérologie) est une clé permettant de découvrir l'essence numérologique de n'importe quel nom, et peut vous servir de guide pour déterminer le nom qui correspond le mieux à votre vision magique.

Tableau de numérologie

1	2	3	4	5	6	7	8	9
A	B	C	D	E	F	G	H	I
J	K	L	M	N	O	P	Q	R
S	T	U	V	W	X	Y	Z	

Voici un cours accéléré pour ceux qui découvrent cette technique : déterminez la valeur numérologique de chaque lettre d'un mot donné, puis additionnez-les toutes. Additionnez ensuite les chiffres du nombre ainsi obtenu jusqu'à ce que le résultat final soit un nombre maître ou un chiffre unique. Ainsi, mon prénom « Storm » a la valeur du nombre maître 22 (1 + 2 + 6 + 9 + 4 = 22). S'il s'agissait de mon nom complet, on s'arrêterait ici, mais comme il s'ajoute à mon nom de famille, nous allons le réduire à quatre (2 + 2). « Faerywolf » a une valeur de trois (6 + 1 + 5 + 9 + 7 + 5 + 6 + 3 + 6 = 48. 4 + 8 = 12, et ensuite 1 + 2 = 3). Donc, « Storm Faerywolf » est un 7 car 4 + 3 = 7. On dit que les 7 portent une vibration de spiritualité, de mysticisme, de recherche de connaissances et d'occultisme, ce qui me correspond très bien, je pense. (Et il se trouve que c'est aussi le nombre de mon but dans la vie.)

Une remarque sur les nombres maîtres à ce stade : dans l'exemple ci-dessus, ce n'est pas parce que nous avons réduit le 22 à un 4 que le nombre maître disparaît ; la vibration du 22 est toujours présente, mais elle n'est pas aussi fondamentale qu'elle l'aurait été si j'avais choisi d'utiliser uniquement mon prénom. Mais puisque c'est mon prénom (et que la plupart des gens m'appellent Storm, et non par mon nom complet), cette énergie est toujours très présente dans ma vie. C'est comme un outil caché, une énergie spéciale que j'utilise pour aider à compenser les autres énergies en jeu dans ma vie. C'est un élément à prendre en compte lorsque l'on choisit un nom magique : en incluant des énergies numérologiques spéciales, nous pouvons les utiliser comme une sorte de médicament pour nous aider dans les domaines de notre vie où nous avons besoin d'un peu plus d'aide ou d'assistance. « Storm » a certainement accompli beaucoup plus de choses que je ne l'ai jamais fait en utilisant mon nom de naissance.

Il est souvent d'usage de choisir un nom dont la somme numérologique est en résonance avec son nombre de chemin de vie. Ceci, comme beaucoup d'autres prétendues règles de spiritualité et d'occultisme, n'a qu'une utilité conditionnelle. Si la numérologie ne donne pas le résultat que vous souhaitez, cela ne signifie pas nécessairement que le nom que vous avez choisi est mauvais ; cela signifie simplement que ce courant particulier de puissance numérologique ne vous aidera peut-être pas à construire et à entretenir votre *persona* magique. À moins que vous ne sentiez que les nombres sont particulièrement défavorables, vous pouvez avancer en toute confiance, sachant que la force de votre intuition supplante toutes les directives magiques de tous les livres que vous pouvez lire, y compris celui-ci.

Une autre chose à prendre en considération lorsque l'on s'engage dans la pratique de la numérologie est que cet outil magique particulier n'est pas exclusivement passif. Contrairement à un oracle que l'on pourrait consulter simplement pour recevoir des informations, on ne se contente pas d'utiliser la numérologie comme une source d'informations et d'accepter sans discuter les résultats que l'on pourrait en recevoir, favorables ou non. Qu'est-ce qu'il y aurait de magique là-dedans ? Non, la numérologie a un tour actif dans sa manche mathématique. Dans le cas où les éléments de nom que nous avons choisis ne possèdent pas la puissance numérologique que nous espérions, nous pouvons utiliser la numérologie comme une pratique active et modifier l'orthographe de ces éléments de nom à la recherche de vibrations plus favorables.

Imaginons qu'au lieu du 7 précédemment établi je veuille vraiment incorporer l'essence du nombre 5 dans mon nom magique. Peut-être ai-je envie d'être plus aventureux et adaptable, et on dit que 5 est porteur de ces énergies. Ou peut-être que je m'identifie vraiment au Pape (à l'Hiérophante) dans le tarot, puisque 5 est en harmonie avec cette carte et cet archétype. Je pourrais y parvenir en modifiant simplement l'orthographe de mon nom pour obtenir la vibration que je recherche. Si je changeais l'orthographe de mon nom en « Storm Faeriewolf », le résultat serait 5. (Storm = 22/4 et Faeriewolf est 6 + 1 + 5 + 9 + 9 + 5 + 5 + 6 + 3 + 6 = 55 = 10 = 1. Et 4 + 1 = 5.)

Il n'entre pas dans le cadre de ce livre de fournir un examen approfondi des différents systèmes numérologiques, de leur histoire ou une évaluation complète de leurs emplois actuels. Les numérologues passionnés rechercheront également les modèles de nombres fournis en isolant des éléments spécifiques, comme les voyelles par opposition aux consonnes, en plus d'une myriade d'autres interprétations particulières qui fournissent chacune des pistes pour comprendre l'énergie et la vibration de toute chose donnée. Mais même à ce niveau, la numérologie peut être utile dans l'élaboration de notre *persona* magique, en nous donnant un aperçu des courants de pouvoir que nous souhaitons intégrer ou renforcer en nous. Ces courants sont comme les ingrédients d'un sort, accordant leurs pouvoirs propres à un ensemble plus vaste. Après avoir choisi les ingrédients de notre sort, nous les jetons avec détermination dans notre chaudron – et ici, nous les assemblons pour en faire un nom. En d'autres termes, nous allons maintenant commencer à faire agir la magie.

Chapitre neuf : Rites de désignation

« Choisir un nom, proclamer qui vous êtes
à la face du monde, est source de pouvoir. »

Janet Mock[51],

auteure, réalisatrice, activiste pour les droits des transgenres

51. Gibson (Caitlin), « Another Challenge for Transgender People: Choosing a New Name », *The Washington Post*, 3 juillet 2016, www.washingtonpost.com/lifestyle/style/another-challenge-for-transgender-people-choosing-a-new-name/2016/07/29/07df80f2-49d8-11e6-acbc-4d4870a079da_story.html

Si l'identité et le nom magiques forment ensemble un outil de découverte de soi, alors nous devons manier cet outil avec la compétence nécessaire pour effectuer le travail intérieur auquel nous sommes appelés. Et pour progresser en magie, le meilleur moyen est sans doute de pratiquer des rituels.

À ce jour, vous avez, je l'espère, fait les efforts nécessaires pour trouver un nom qui vous correspond et qui correspond aux idéaux que vous souhaitez mettre en avant ou cultiver. Vous aurez travaillé assidûment sur les aspects, la numérologie, les associations mythiques, les implications sociales et la poésie même du ou des mots. Si ce n'est pas le cas, vous devriez peut-être revenir sur certains des exercices et des suggestions ci-dessus pour voir si vous êtes capable de trouver cette inspiration et d'en faire quelque chose de cohérent. Certains n'auront pas besoin d'aller plus loin : ce travail leur aura déjà permis de révéler à eux-mêmes leur nom véritable et de l'imprimer dans leur cœur. Mais même dans ce cas, il y a de bonnes raisons d'effectuer une cérémonie. Les actions rituelles sont susceptibles de concentrer notre intention mentale en une force magique intensifiée que nous pouvons ensuite utiliser conformément à notre volonté pour mieux provoquer les changements que nous souhaitons, tant à l'intérieur qu'à l'extérieur.

Le pouvoir du changement de nom est formidable : c'est quelque chose qui peut littéralement transformer l'image que nous avons de nous-mêmes, nous donner plus d'assurance et peut-être même nous aider à accroître nos compétences. En un sens, changer de nom, c'est aussi changer son destin. On en trouve des exemples dans le folklore, où un personnage est rebaptisé afin de mieux faire comprendre qu'il a été radicalement transformé par une expérience et qu'il est donc devenu quelqu'un d'autre. Vous vous rappelez, dans le conte gallois de Cerridwen, comment la sorcière a poursuivi son serviteur, le jeune Gwion Bach, après qu'il a accidentellement ingéré sa potion magique d'inspiration ? À la fin de leur affrontement par métamorphoses, elle le consomme et tombe enceinte de lui ; puis il renaît sous le nom de Taliesin, le grand chef des bardes et conseiller des rois britanniques, dont le mythique Arthur. Le nom de Taliesin signifie « front brillant », ce qui met l'accent sur ses prouesses intellectuelles renommées ainsi que sa beauté spectaculaire, selon cette esthétique si courante dans la philosophie spirituelle des cultures galloise et irlandaise : l'équivalence de la maîtrise poétique et de la maîtrise spirituelle.

Il ne faut pas grand-chose pour voir l'histoire de Cerridwen comme une allégorie du voyage initiatique, qui détaille l'évolution de l'individu depuis sa vie ordinaire de servitude (Gwion s'occupant fidèlement du chaudron), en passant par le défi initiatique de l'affrontement de la peur et de la transformation de soi (la poursuite et la bataille des métamorphoses magiques), jusqu'à la reconnaissance de son accomplissement spirituel (la renaissance en tant que Taliesin, le barde radieux).

On trouve un thème similaire dans la ballade écossaise traditionnelle intitulée *Thomas the Rhymer* (« Thomas le Rimeur »). Le personnage principal, Sir Thomas d'Ercildoun, entreprend un voyage dans le royaume des fées, guidé par la reine des fées elle-même. Il reçoit l'ordre de suivre certaines règles spécifiques (notamment de s'abstenir de manger la nourriture qui s'y trouve ou de parler à quiconque, à l'exception de la reine) sous peine de devoir rester à jamais dans l'étrange monde des fées. Thomas sert fidèlement la reine pendant sept ans, en respectant toutes les règles. À la fin de son service, il reçoit la langue qui ne peut mentir (le don de prophétie, explicitement lié à son talent poétique) ainsi que quelques objets spéciaux de valeur (notamment un vêtement, un symbole extérieur ou l'affirmation d'un état intérieur). Il reçoit également le titre de « Thomas le Rimeur » ou parfois « Thomas le Véridique », un nom magique qui reflète sa nouvelle identité et son nouveau rôle. Il a été initié et joue maintenant en quelque sorte le rôle d'un prêtre, un médiateur de la présence divine venue de l'autre monde.

Ici aussi, nous voyons une expérience initiatique récompensée par l'attribution d'un nouveau nom et d'une nouvelle identité. Il est également chargé de jouer le rôle de conseiller spirituel ou magique, agissant ostensiblement comme une voix pour les pouvoirs cachés de la terre, un lien symbolique partagé avec les diverses cosmologies et connaissances de la sorcellerie traditionnelle.

La prise formelle d'un nouveau nom est une pratique traditionnelle dans de nombreuses formes d'initiations cérémonielles, que ce soit dans des *covens*, des cercles, des loges, des maisons ou d'autres groupes magiques et spirituels. Cet acte puissant signifie à notre moi profond que nous avons franchi un seuil important, que nous avons vécu une expérience transformatrice significative qui nous a changé à un niveau fondamental et qui, de ce fait, exige la reconnaissance qu'un nouveau nom peut offrir.

Bien qu'il soit relativement facile d'accomplir cet exploit si l'on fait partie d'une communauté religieuse ou spirituelle qui offre de tels rites, il peut être difficile pour le praticien solitaire d'atteindre le même niveau d'intensité que celui que l'on trouve dans des cadres plus communautaires. C'est pourquoi le rituel peut être si important pour une personne qui travaille seule ; lorsque nous prenons le temps de nous engager pleinement dans notre Art, nous récoltons les fruits de ce travail.

Afin de nous aider à incarner le potentiel profond que notre nom magique peut offrir, nous allons passer par un rituel formel au cours duquel nous revendiquerons notre nouveau nom sur le plan énergétique, tout en marquant l'occasion comme une sorte d'initiation. Notre nouvelle vie (magique) commence maintenant.

Rituel : Adopter un nom

Ce rite est conçu comme un catalyseur spirituel pour adopter un nom sorcier, et s'identifier à lui. Il peut être exécuté tel qu'il est donné ici ou adapté pour mieux répondre à vos besoins spécifiques. Vous pouvez aussi l'intégrer à un rituel plus long de consécration ou d'initiation. N'hésitez pas à vous inspirer de cette idée de base pour écrire votre propre rituel. Comme toujours, la magie la plus puissante vient de l'intérieur.

Matériel nécessaire :

- Une bougie noire
- Une bougie blanche
- Un peu d'huile d'onction
- Un petit saladier
- Une coupe ou un calice contenant votre boisson magique préférée
- Une petite quantité d'un aliment de fête, comme du chocolat, ou une friandise salée
- Allumettes ou briquet
- Du papier blanc (sans lignes)
- Stylos, marqueurs, crayons ou peintures de votre choix
- Un miroir argenté (c'est-à-dire un miroir réfléchissant normal, pas un miroir noir de clairvoyance)
- Un chaudron, ou n'importe quel récipient ignifugé

Ancrez-vous, centrez-vous, et alignez vos trois esprits. Faites ce que vous feriez normalement pour créer un espace rituel plus formel, comme tracer un cercle, invoquer les éléments/directions/carrefours, etc. Effectuez un rite simple de nettoyage ou de purification.

Allumez la bougie noire et dites :

Hors de la nuit et bien vivant,
Entre les mondes j'accomplis
Ce rite sacré de magie :
Que mon destin change à présent !

Au centre de la feuille, écrivez clairement votre nom magique, d'une écriture belle et audacieuse. Vous pouvez utiliser une calligraphie ou une autre technique stylisée pour le faire vraiment ressortir. Agrémentez le reste de la feuille de symboles personnels, de dessins, voire de simples gribouillages, afin de faire de ce papier une véritable œuvre d'art qui représente les différents niveaux de signification du nom que vous avez choisi. Prenez votre temps. Le but est de vous immerger dans le processus et de permettre à vos énergies créatrices de circuler librement, ce qui donne de l'élan au rite.

Lorsque vous avez terminé, concentrez votre attention sur la feuille, et en particulier sur le nom lui-même. Mettez les mains au-dessus comme pour y diriger l'énergie tout en regardant l'œuvre d'art que vous avez créée. Contemplez le symbolisme et la signification. Prononcez le nom que vous avez choisi trois fois à voix haute, chaque parole étant prononcée avec passion et autorité. Dites :

Je suis debout devant l'entrée,
Prêt à changer de destinée ;
Entre les mondes je le crie :
Mon nom sorcier j'adopte ici !

Enroulez soigneusement le papier pour en faire une fine baguette tubulaire, puis allumez-en l'extrémité à la bougie noire. Quand il prend feu et se transforme en lumière, en chaleur et en cendres, imaginez que tout ce qui vous a empêché d'être vraiment, authentiquement, votre moi sorcier se transforme également en pure énergie ; une énergie que vous récupérez maintenant en regardant les flammes brillantes, ce qui permet à la lumière d'entrer dans vos yeux et dans votre esprit. Au moyen de cette baguette enflammée, allumez la bougie blanche, en disant :

Mon nom réduit en cendres et changé en lumière,
Est réécrit ici, du tréfonds de mon cœur.

Tandis que le papier continue de brûler, déposez-le dans votre chaudron et laissez-le finir de se consumer en cendres. S'il a besoin d'aide pour finir de brûler, vous pouvez utiliser la bougie blanche pour enflammer le reste, en prenant les précautions nécessaires.

Une fois que tout est terminé, regardez-vous dans le miroir et rappelez-vous le sentiment de pouvoir magique et de force qui a présidé à la création de votre *persona* magique. Contemplez le symbolisme et les niveaux de signification de votre nom, et la manière dont il reflète une partie profonde de votre âme, à laquelle vous avez donné une nouvelle vie et une nouvelle vigueur. Commencez à chanter de façon répétée :

Change mon nom et change mon destin !

Continuez à chanter tout en générant de la puissance, tout en regardant votre reflet et en vous concentrant sur la signification de votre nom. Après avoir vérifié que la combustion est terminée, prenez un peu des cendres du papier et mettez-la dans le petit bol avec un peu d'huile. Mélangez bien.

Tout en continuant à regarder votre reflet dans le miroir, utilisez ce mélange pour vous oindre le front, le cœur, le bas-ventre, les mains et les pieds. En oignant chaque zone de votre corps, affirmez fièrement :

Je suis <votre nom sorcier> !

Prenez une profonde inspiration pour rassembler toute cette énergie, puis avec une expiration puissante envoyez cette puissance dans l'univers, vers votre âme divine, votre soi supérieur, votre esprit γ, la déesse, etc., pour formaliser votre prière.

Comme pour tout passage majeur de la vie (et celui-ci en est certainement un), marquez maintenant l'occasion par un « festin » de célébration, scellant ainsi les intentions magiques en vous-même et les incarnant. Savourez votre chocolat ou autre friandise avec la boisson de votre choix. Savourez-les. Portez un toast à vous-même. Vous avez fait un grand pas en avant magique dans votre voyage pour approfondir votre sorcellerie. Honorez ce moment et profitez-en.

Ouvrez votre espace rituel comme d'habitude. Laissez les bougies se consumer.

Félicitations : vous avez franchi une nouvelle étape de votre voyage !

Exercice : La signature sorcière

Un aspect souvent négligé du nom magique (surtout pour ceux qui pourraient employer ce nom dans un cadre public, ou du moins dans un cadre plus étendu qu'un *coven*) est la signature. En magie des campagnes, on considère souvent que la signature d'une personne est un lien avec elle, comme un accès magique direct (peut-être involontaire) à son propriétaire.

Puisque je suis connu publiquement comme sorcier depuis trop d'années pour les compter, il m'est arrivé de devoir signer de mon nom. Ne voulant pas m'infliger un point faible psychique et magique aisément utilisable, je me sers de magie à chaque coup de crayon.

Matériel nécessaire :

- Un stylo et une feuille de papier

La première partie de cet exercice consiste simplement à appliquer le stylo sur le papier et à vous entraîner à tracer votre nouvelle signature. Mettez-vous à l'aise avec l'écriture du nom ; essayez différentes variations de formes de lettres et de fioritures, jusqu'à ce que vous obteniez quelque chose que vous trouvez esthétiquement agréable.

Ensuite, vous ajouterez un peu de protection, pour empêcher que l'on puisse utiliser cette signature contre vous, et d'autres éléments magiques que vous jugerez appropriés. Pour ce faire, vous pouvez employer une technique interne toute simple à ajouter à l'acte physique de tracer votre signature, afin de générer et de diriger les énergies adéquates.

Regardez votre signature. Observez le mouvement des lettres, le dessin global qu'elles forment de la gauche vers la droite. Observez également les éventuels retours en arrière, qui peuvent concerner plusieurs lettres, surtout en écriture cursive. Remarquez les courbes et les lignes droites de votre écriture, ainsi que tous les autres détails et fioritures. Ce sont autant d'occasions d'imprimer une intention magique, si vous le souhaitez.

L'énergie circule dans votre signature. Remarquez comment vous vous sentez lorsque vous la tracez. Vous commencez par la première lettre de votre nom – une déclaration d'identité et de présence – puis le reste s'enchaîne jusqu'à la dernière, qui marque la fin de l'histoire, la description qui est votre soi magique.

Lorsque vous signez de votre nom, faites attention aux marqueurs spéciaux, tels que la ou les premières lettres de votre ou vos noms, ainsi que les lettres peu communes ou les formes qui peuvent être exprimées (ou sous-entendues) dans votre tracé. Par exemple : la lettre O est aussi un cercle. Ainsi, en écrivant cette lettre, vous pourriez projeter un mini-cercle dans votre tête avec l'intention de vous protéger pendant que vous signez. Étant donné qu'une bonne partie de cette lettre se déplace également dans le sens inverse des aiguilles d'une montre lorsqu'elle est écrite en cursive, elle peut également servir à mettre en œuvre les énergies de renversement. Appelez simplement le sentiment et l'intention d'inverser les énergies de coercition qui vous sont envoyées chaque fois que vous signez de votre nom et que vous atteignez le O.

Vous pouvez appliquer la même technique à toutes les autres lettres de votre nom. La lettre X peut être « X marque l'emplacement » ; une sorte de sceau qui ferme votre nom ; il peut aussi indiquer littéralement que vous barrez et annulez les énergies et les intentions non désirées. Les C peuvent invoquer la lune décroissante, tandis que les H sont des lettres qui bâtissent des ponts entre les choses. De son côté, la lettre S peut être un agent d'équilibre, en ce sens qu'elle coule dans les deux sens, tandis que Z peut apporter de l'énergie, comme un éclair qui frappe sa cible. Avec un peu de créativité, vous pourrez dresser une liste des énergies que chaque lettre représente, simplement en fonction de son aspect et de la sensation qu'elle procure lorsqu'elle est inscrite dans la signature. Vous n'aurez peut-être pas envie d'attribuer une énergie spécifique à chacune des lettres de votre nom[52], mais vous aurez sans doute de nombreuses occasions d'utiliser cette méthode lorsque vous signez de votre nom, faisant ainsi de chaque signature une incantation opérative. Avec un peu d'entraînement, vous

52. Ou peut-être que si.

serez en mesure de générer de la puissance et de la lancer dans le temps qu'il vous faut pour signer votre nom.

NOTE : Si vous êtes actuellement au stade de développement magique où vous êtes incapable d'appeler facilement des sentiments spécifiques à volonté, vous devez prendre le temps de vous entraîner. Vous pouvez tout simplement choisir une émotion au hasard et faire de votre mieux pour la ressentir dans l'instant présent. Vous pouvez vous souvenir d'expériences passées, ou simplement faire semblant de vivre cette émotion. Avec de la pratique, vous serez capable de faire surgir en vous ce sentiment à volonté, ce qui fait partie intégrante de l'établissement d'une intention magique.

EXERCICE : L'EMBLÈME SORCIER

Nous pouvons concentrer davantage le pouvoir de notre nom écrit en l'intégrant à un sigil qui combine d'autres intentions magiques. Nous pouvons ensuite utiliser ce sigil dans des rituels ou des sorts à la place de notre nom ou même de notre signature.

Cet emblème doit être suffisamment simple pour que son tracé soit facile à mémoriser, tout en pouvant contenir plusieurs niveaux de signification. Si vous n'êtes pas versé dans l'art de créer des sigils, vous pouvez utiliser cette méthode simple pour vous lancer. Si vous souhaitez approfondir ce sujet, je vous recommande vivement *Sigil Witchery* de Laura Tempest Zakroff. Non seulement il vous donnera une excellente base dans l'histoire de la fabrication des symboles magiques, mais il vous donnera également une méthode pratique et créative pour les comprendre et en créer vous-même.

Il existe une méthode éprouvée qui s'inspire du travail de feu Austin Osman Spare (1886-1956), célèbre artiste et occultiste anglais. Cette méthode consiste à utiliser des lettres pour former la base de notre symbolisme artistique. Il existe de nombreuses variantes de cette technique, mais ma préférée consiste à prendre les lettres d'un mot ou d'un nom, en omettant les lettres récurrentes (de sorte qu'une même lettre ne puisse pas être présente plus d'une fois dans le sigil), puis à les dessiner de manière à ce que les lettres partagent un certain nombre de lignes et de courbes. Elles peuvent être tracées dans n'importe quel sens (par exemple, à l'envers ou à l'endroit), chaque étape occultant un peu plus les lettres jusqu'à obtenir un dessin qui ne ressemble plus du tout à un assemblage de lettres mais à un symbole étrange avec lequel nous avons un lien énergétique, mais qui n'est pas uniquement du domaine de l'esprit ou de la conscience. Ce processus peut souvent demander plusieurs essais ; prenez votre temps. Voyez comment vous ressentez votre production. Si vous ne l'aimez pas, recommencez ! Le temps et la concentration que l'on consacre à la fabrication de ces sigils nourrit et renforce leur pouvoir.

Ces emblèmes simples utilisent les lettres d'un nom
ainsi que l'intention magique du succès.

Cela dit, ne vous sentez pas obligé d'utiliser une méthode particulière. Si vous êtes doué pour les arts, vous pouvez même renoncer à l'utilisation des lettres et préférer une approche plus subconsciente (esprit α) en vous inspirant de symboles bien connus (tels que cercles, flèches, étoiles, carrés, triangles, etc.) ou même de gribouillages aléatoires qui, selon vous, représentent les énergies que vous souhaitez émaner. Prenez tout le temps qu'il vous faut pour explorer cette technique et la manière dont vous pouvez l'utiliser.

Rituel :
Donner un nom

Il peut vous arriver d'être appelé à conférer un nom à une autre personne. Peut-être faites-vous partie d'un groupe au sein duquel un autre membre souhaite adopter officiellement un nom de l'Art. Peut-être que votre groupe effectue des élévations, des consécrations ou des initiations, mais n'a pas encore envisagé la pratique de l'adoption d'un nom sorcier. Si c'est le cas, vous pouvez adapter ce rite pour servir ces autres personnes ; il vous fournira un moyen fiable de marquer la transformation qu'apporte un nouveau nom.

Ce rite s'inspire des formes d'initiation les plus courantes que l'on trouve dans diverses traditions de sorcellerie contemporaine. Ce qui différencie ce rite du rituel « Adopter un nom » (page 224), c'est qu'ici nous nous concentrons également sur le pouvoir de celui qui nomme, et pas seulement de celui qui est nommé. Le rôle de celui qui nomme est un rôle d'autorité, équivalent à celui d'une grande prêtresse, d'un grand prêtre ou d'un autre enseignant ou chef spirituel similaire. Il est au moins perçu par le nouvel initié comme ayant le pouvoir, la compétence et la sagesse nécessaires pour le guider de manière experte à travers ce qui promet d'être une expérience fondatrice et transformatrice. La relation entre le nommeur et le nommé est dans l'idéal une relation d'intimité et de respect.

Matériel nécessaire :

- Une bougie noire
- Une bougie blanche
- Une bougie rouge
- Un peu d'huile, adaptée à l'onction
- Un petit bol d'eau, une coupe ou un calice avec votre boisson magique préférée
- Une petite quantité d'un aliment « festif », comme du chocolat ou une friandise salée spéciale
- Allumettes ou briquet
- Un chaudron ou un autre récipient résistant au feu

Tous les participants doivent se rassembler dans la zone du rituel et effectuer des exercices d'ancrage, d'alignement et de centrage. Le nommeur (prêtre, prêtresse ou autre personne en position d'autorité) doit faire ce qu'il ferait normalement pour mettre en place un espace rituel formel. Effectuez un rite de purification simple pour tous les présents.

Le nommeur allume la bougie noire et dit :

Hors de la nuit et bien vivant,
Entre les mondes s'accomplit
Ce rite sacré de magie :
Que son destin change à présent !

Toutes les personnes présentes commencent à chanter de manière répétée sur un ton bas, feutré et rythmé :

Changent son nom et son destin !

L'auteur du nom prend les nommés par l'épaule et les amène au centre de l'espace du rituel. L'invocateur prend le bol d'eau et le tient à la hauteur du cœur, en se tenant debout face à la personne nommée. Pendant que tout le monde continue à chanter, le nommeur oint le nommé avec de l'eau sur le front, le cœur, le bas-ventre, les mains et les pieds. À chaque onction, le nommeur dit :

Purifié et ouvert, clair et lumineux.

Après avoir replacé le bol sur l'autel, tout le monde entoure le nommé et place une main sur lui, pour en faire le point pivot central. Tout le monde continue à chanter jusqu'à ce que l'auteur du nom lève une main et parle :

« Nous nous tenons sur le seuil, prêts à modifier le destin de quelqu'un qui proclame ici son droit de prendre un nom sorcier ! Ce soir, nous sommes réunis pour témoigner de la mort de l'ancien et de la naissance du nouveau. Pour embrasser pleinement la vie de sorcière, il est de coutume de prendre un nouveau nom sous lequel vous serez connu des sorcières. Par quel nom seras-tu connu de nous ? »

Le nommé répond. Le nommeur prend alors les bougies rouge et blanche, et tend la blanche au nommé, qui la tient patiemment. Le nommeur allume la bougie rouge à partir de la noire et dit :

Née des ténèbres, la lumière,
En elle, la flamme sorcière,
Sur cette flamme, le serment :
Ton nom sorcier, prends maintenant !

Le nommeur utilise sa bougie rouge pour allumer la blanche tandis que tout le monde commence à chanter le nouveau nom magique du nommé, en l'utilisant pour générer du pouvoir. Tout le monde doit concentrer son attention magique sur le fait que le nommé est authentiquement « branché » à son pouvoir profond, à son pouvoir sorcier, ou même à l'égrégore du groupe si ce rite est aussi une initiation à part entière dans le groupe. La psalmodie doit continuer jusqu'à cesser de reproduire le nom et devenir un son et une vibration purs, générant de l'énergie et la dirigeant vers l'âme du nommé. Le nommeur (ou un autre chef de groupe) doit annoncer le moment où il faut relâcher le cône de pouvoir, ce que tout le monde fait à son signal, en envoyant cette énergie vers le nommé.

Après quelques instants de silence, le nommeur prend l'huile et oint le nommé sur le front, le cœur, le bas-ventre, les mains et les pieds. À chaque onction, le nommeur dit :

Je te nomme <nouveau nom sorcier>.

En commençant par le nommeur, chacun accueille à son tour le nommé en l'embrassant et en affirmant son nom en retour :

Bienvenue, <nouveau nom sorcier>.

Une fois que tout le monde a eu l'occasion d'accueillir le nouveau membre, il est temps de fêter l'événement. Profitez du petit festin organisé en l'honneur du nommé et du nommeur qui l'a guidé sur le chemin.

Les bougies rouge et blanche, une fois éteintes, pourront être réutilisées par les deux parties pour tout travail personnel qu'elles pourraient effectuer ensemble. Il faut laisser la bougie noire brûler jusqu'au bout.

Et tout est terminé.

❖❖❖

Une fois choisi et revendiqué officiellement, ce nouveau nom, cette nouvelle identité va pousser en nous comme une graine, donner une tige, un tronc, des fleurs, et finalement porter pour nous le fruit de notre propre pouvoir véritable. Mais il ne s'agit pas d'un événement instantané, qui n'a lieu qu'une fois et que l'on oublie bien vite. Le nom magique est quelque chose que nous continuons à nourrir, à entretenir, et même à tailler si nécessaire. Il grandira et pourra s'adapter et changer, en même temps que nous allons nous adapter à lui. Au fil des jours, des semaines, des mois et des années pendant lesquels nous l'utiliserons activement, ce nom gagnera en puissance, nous conduisant toujours plus loin sur le chemin de la découverte de soi. Il se peut qu'il nous réserve des surprises en cours de route et qu'il change à mesure que nous avançons. Nous ne devrions pas essayer de forcer les choses, mais plutôt nous accorder le temps nécessaire pour explorer pleinement ce que ce nom et cette identité peuvent avoir à nous apprendre. Nous avons fait les premiers pas. Il ne nous reste plus qu'à voir où ils peuvent nous mener.

Conclusion : Le nom de la passion

« Celui qui ne parvient pas à l'intuition de ces vérités par le moyen de l'extase ne connaît que le nom de l'inspiration. »

Al-Ghazali (v.-1056-1111),

philosophe musulman sunnite[53]

53. Deming (David), *Science and Technology in World History*, vol. 2, Jefferson (NC), McFarland & Co., 2016, p. 109.

Comme nous l'avons vu, le nom magique est une sorte de sceau ou de sigil : il combine différents éléments pour créer quelque chose de nouveau et de spécifique. Mon propre nom est en trois parties, basé sur mes rêves de loup et de tempête, associés à la magie des fées. Mais il est en fait bien davantage. Mon nom signifie pour moi quelque chose de très spécifique, très profond et personnel, qui ne peut pas être véhiculé entièrement par une explication des mots qui le composent. Comme le dieu égyptien Rê, nous portons en nous l'essence magique de notre nom.

Un nom n'est pas seulement un moyen d'identifier clairement une chose. Il y a les sonorités qu'il comporte, le rythme de ses syllabes et, peut-être plus important encore, ce que l'on ressent quand on le revendique comme sien. Quand je dis « mon nom est Storm Faerywolf », je ressens quelque chose de très profond, une fierté, une magie qui remonte à la surface. Je me sens en phase avec mon but intérieur et avec les courants de magie que je détiens et qui sont entre-tissés en moi. Votre nom magique devrait susciter en vous une réaction similaire.

Il est toujours bon de se rappeler que les conventions sociales ne définissent pas l'expérience humaine. Cela fait partie de la puissance du nom magique, et lui donne une place spéciale, fermement située en marge de la société. Il veut être bizarre ; il adore ça. Parce que c'est là que se trouve le pouvoir. Et un sorcier ou une sorcière va chercher le pouvoir là où il se trouve.

Des noms tels que Anaar, Gwion, Tempest, Phoenix, Mat Auryn, Durgadas Allon Duriel, Scire, Ameth, Soulfire et Storm Faerywolf fusionnent divers courants de pouvoir conscient en ce qui pourrait être considéré comme une sorte de sigil poétique comportant des niveaux complexes de signification personnelle profonde, unifiés en un seul vocable. Comme un mantra ou une incantation magique, notre nom d'Art est un mot de pouvoir qui véhicule des courants de pouvoir personnel qui n'attendent que d'être dirigés. Notre nom véritable est le mot magique le plus puissant que nous puissions manier.

À première vue, le nom que nous choisissons pour incarner notre nature magique peut ne pas correspondre à ce que l'on s'attend à entendre dans le langage moderne. Il peut être obscur, évocateur, inquiétant, voire dérangeant. Certains le trouveront ridicule. (croyez-moi, je ne me fais pas d'illusions sur la façon dont certains me perçoivent parce qu'ils trouvent mon nom ridicule. Vous n'imaginez pas les courriels que je reçois !) Il semble déplacé parce qu'il est déplacé. C'est intentionnel. Il est en dehors du courant dominant. Il défie fièrement les conventions sociales, et adopter un tel nom est un acte initiatique profond, qui mérite d'être reconnu par une cérémonie.

Tout le monde ne se sentira pas à l'aise avec le nom que vous avez choisi. Certains peuvent même le rejeter en bloc. Lorsque j'ai changé de nom, mon père l'a particulièrement mal vécu. Il y voyait peut-être un rejet personnel (puisque je portais son nom à l'origine) et a réagi par de la colère et du déni. Cela s'est avéré être un obstacle de plus sur la voie de mon développement personnel, car je devais décider si j'allais laisser son mécontentement me dicter la voie à suivre. Cela n'avait rien à voir avec lui et tout à voir avec moi. C'était stressant, mais c'était une leçon importante à apprendre pour moi.

Phoenix LeFae a vécu une expérience similaire. En dépit des conflits émotionnels que sa décision a provoqué au sein de sa famille, c'était la bonne chose à faire, car elle a pu ainsi se sentir plus à l'aise en elle-même. Elle reconnaît qu'elle a aussi vécu une sorte de deuil pour le nom qu'elle a abandonné :

D'une certaine manière, je me sens plus moi-même. Mon nom public, c'est moi, et je m'y identifie plus que je ne l'ai jamais fait avec le nom qu'on m'avait donné. Cependant, cela a causé quelques problèmes. Mes parents ont eu du mal à accepter mon nouveau nom. Ma mère, en particulier, considère comme une attaque personnelle le fait que je n'aime pas mon nom de naissance. Mais honnêtement, il n'a jamais été le mien. Pour moi, l'abandon de ce nom a été une libération, mais c'était un changement radical. J'ai aussi un peu pleuré le nom que j'ai abandonné, j'ai eu besoin de lui rendre hommage.

La *persona* magique est une expression passionnée de la vie intérieure d'un individu ; ici, « passion » est le mot-clé. C'est davantage qu'une affirmation, qu'une attitude ou qu'une décision, davantage qu'une affirmation intellectuelle ou qu'un impératif. C'est une certitude que l'on ressent au plus profond de soi, une passion qui est la focalisation extatique de notre conscience (β) au travers de notre être primitif (α), nous donnant ainsi accès à l'esprit auquel nous aspirons tant ; une formidable source de pouvoir magique et de conscience, ainsi qu'un lien avec des pouvoirs et même des consciences au-delà de la nôtre.

Ou, en termes simples : $\alpha + \beta + \gamma = \infty$

Nous avons étudié ce que signifie la création de cette *persona*, en nous inspirant des pratiques de la sorcellerie extatique pour en faire une réalité. De cette façon, nous sommes certains de dépasser les limitations de l'ego et de plonger dans la réalité sensuelle qui sous-tend nos conventions et nos projections rationnelles sur le monde. Nous plongeons dans les eaux primordiales et, ce faisant, nous faisons l'expérience de la plénitude de la vie.

Les exemples et les suggestions donnés dans ce livre ne sont en fait que la partie émergée de l'iceberg. En fin de compte, il n'est pas nécessaire de se soumettre à des rituels compliqués ou à des exercices rigoureux pour parvenir à notre vérité intérieure, même si la plupart des gens trouveront utile d'être guidés. J'espère que ce livre vous aura donné quelques idées sur la manière d'aborder ce travail par vous-même. Ou, à tout le moins, qu'il vous aura donné des exemples de ce qui a fonctionné pour d'autres personnes, et peut-être même des indices sur ce dont il faut se méfier. C'est à vous de décider si vous voulez ou non prendre un nom sorcier. Ce n'est certainement pas une obligation pour devenir une sorcière ou un sorcier. Mais si vous êtes appelé à le faire, j'espère sincèrement que vous étudierez attentivement ce que ce processus peut signifier pour vous. Peu de décisions sont aussi personnelles.

En fin de compte, vous seul pouvez décider comment, quand et pourquoi vous choisissez un nom magique. Quel que soit votre choix, je souhaite de tout cœur que vous trouviez un nom qui vous convienne, vous donne du pouvoir et vous protège. Que votre nom suscite en vous un sentiment de fierté et d'identité, d'émerveillement spirituel et d'autorité. Vous êtes un être magique unique. Et votre nom sorcier doit en être le reflet.

Bibliographie

ABRAM (David), *The Spell of the Sensuous: Perception and Language in a More-than-Human World*, New York, Vintage Books, 2017 (version française parue sous le titre *Comment la terre s'est tue*, Paris, la Découverte, 2021).

ABURROW (Yvonne), *Dark Mirror: The Inner Work of Witchcraft*, Morrisville (NC), Lulu Press, 2016.

ANDERSON (Cora), *Fifty Years in the Feri Tradition*, Portland (OR), Harpy Books, 2010, 1re éd. Portland (OR), Acorn Guild Press, 2005.

BOGAN (Chas), *The Secret Keys of Conjure: Unlocking the Mysteries of American Folk Magic*, Woodbury (MN), Llewellyn Publications, 2018.

BRUCE (Robert) et MERCER (Brian), *Mastering Astral Projection: 90-day Guide to Out-Of-Body Experience*, Woodbury (MN), Llewellyn Publications, 2004.

CROWLEY (Aleister), DESTI (Mary) et WADDELL (Leila), *Magick: Liber ABA, Book 4*, San Francisco, Samuel Weiser, 1994.

CUNNINGHAM (Scott), *Cunningham's Encyclopedia of Magical Herbs*, Woodbury (MN), Llewellyn Publications, 2016, rééd. Saint Paul (MN) Llewellyn Publications, 2000 (version française *Encyclopédie des plantes magiques*, Escalquens, Trajectoire, 2018).

———, *Living Wicca: A Further Guide for the Solitary Practitioner*, Llewellyn Publications, 2014 (version française *La Wicca vivante. La Pratique individualisée*, Chambray-lès-Tours, le Roseau, 2000).

DEMING (David), *Science and Technology in World History*, vol. 2, Jefferson (NC), McFarland & Co., 2016.

D'ESTE (Sorita) et RANKINE (David), *Wicca: Magical Beginnings*, Londres, Avalonia Books, 2005 (version française *Wicca : aux origines de la magie*, Toulouse, Danaé, 2016).

EVANS-WENTZ (Walter Y.), *The Fairy-Faith in Celtic Countries*, Oxford University Press, 1911.

FAERYWOLF (Storm), *Forbidden Mysteries of Faery Witchcraft*, Woodbury (MN), Llewellyn Publications, 2018.

FARRAR (Janet) et FARRAR (Stewart), *The Witches' God: Lord of the Dance*, Custer (WA), Phoenix Publishing, 1989.

———, *The Witches' Goddess: The Feminine Principle of Divinity*, Custer (WA), Phoenix Publishing, 1987.

FORREST (Steven), *The Inner Sky: How to Make Wise Choices for a More Fulfilling Life*, Borrego Springs (CA), Seven Paws Press, 2012.

GARDNER (Gerald), *The Gardnerian Book of Shadows*, Londres, Forgotten Books, 2008, 1re éd. sous le titre *Ye Bok of Ye Art Magical*, 1949.

GARY (Gemma), *The Black Toad: West Country Witchcraft and Magic*, Londres, Troy Books, 2012.

GREER (John Michael), *The Druid Magic Handbook: Ritual Magic Rooted in the Living Earth*, San Francisco, Weiser, 2008.

HIMES (Mavis), *The Power of Names: Uncovering the Mystery of What We Are Called*, Lanham (MD), Rowman & Littlefield, 2016.

HUNTER (Devin), *The Witch's Book of Power*, Woodbury (MN), Llewellyn Publications, 2016.

HUSON (Paul), *Mastering Witchcraft: A Practical Guide for Witches, Warlocks & Covens*, New York, Putnam, 1970 (version française *Guide pratique de la sorcellerie*, Paris, Fayard, 1975).

JONG (Erica), *How to Save Your Own Life*, New York, Jeremy P. Tarcher, 2006.

KÖHLER (Wolfgang), *Gestalt Psychology: An Introduction to New Concepts in Modern Psychology*, éd. revue et corrigée, New York, Liveright, 1947.

KUNZ (George Frederick), *The Curious Lore of Precious Stones*, Philadelphia, Washington Square Press, 1913.

LEADBEATER (Charles Webster), *The Inner Life* (vol. I et II combinés), Rookhope (UK), Aziloth Books, 2013, 1re éd. Adyar (India), Theosophical Publishing House, 1912, 1917.

LELAND (Charles Godfrey), *Aradia: or, The Gospel of the Witches*, Custer (WA), Phoenix Publishing, 1990, 1re éd. Londres, David Nutt, 1899 (version française *Aradia : L'Évangile des Sorcières*, Toulouse, Danaé, 2018).

PENCZAK (Christopher), *The Inner Temple of Witchcraft: Magick, Meditation, and Psychic Development*, Woodbury (MN), Llewellyn Publications, 2014.

———, *The Plant Spirit Familiar: Green Totems, Teachers & Healers on the Path of the Witch*, Merrimack (NH), Copper Cauldron Publishing, 2011.

PHILLIPS (David A.), *The Complete Book of Numerology: Discovering the Inner Self*, Carlsbad (CA), Hay House, 2015.

PLINY, *Natural History*, trad. John Bostock et Henry Thomas Riley, Londres, Henry G. Bohn, 1855, édition Kindle Library of Alexandria LLC, 2020 (version française PLINE L'ANCIEN, *Histoire naturelle*, diverses éd.).

RAVENWOLF (Silver), *To Ride a Silver Broomstick: New Generation Witchcraft*, Saint Paul (MN), Llewellyn Publications, 2003.

SJÖHOLM (Cecilia), « The Power of Naming: A Technology for Mastering the World », *Cabinet Magazine*, 2017, www.cabinetmagazine.org/issues/65/sjoholm.php (consulté le 10 septembre 2020).

STARHAWK, *The Spiral Dance: A Rebirth of the Ancient Religion of the Great Goddess*, San Francisco, HarperSanFrancisco, 1979, rééd. 1989.

STARHAWK, *Dreaming the Dark: Magic, Sex and Politics*, Boston, Beacon Press, 1982, rééd. 1988.

WASHBOURNE (Kelly) et Van Wyke (Benjamin), *The Routledge Handbook of Literary Translation*, Londres, Taylor & Francis Group, 2018.

WILBY (Emma), *The Visions of Isobel Gowdie: Magic, Witchcraft and Dark Shamanism in Seventeenth-Century Scotland*, East Sussex (UK), Sussex Academic Press, 2013.

YEATS (W. B.), *Irish Fairy and Folk Tales*, Dorset Press, 1986, 1re éd. Londres, T. F. Unwin, 1892.

YRONWODE (Catherine), *Hoodoo Herb and Root Magic: a Materia Magica of African-American Conjure and Traditional Formulary, Giving the Spiritual Uses of Natural Herbs, Roots, Minerals, and Zoological Curios*, Forestville (CA), Lucky Mojo Curio Co., 2002.

ZAKROFF (Laura Tempest), *Sigil Witchery: A Witch's Guide to Crafting Magick Symbols*, Woodbury (MN), Llewellyn Publications, 2018.

DOCUMENTATION SUR INTERNET :

BehindTheName.com

FolkloreThursday.com

translate.google.com

Crédits photographiques

Couverture

©Vadimsadovski - stock.adobe.com

©Sailorr - stock.adobe.com

©Miro Novak - stock.adobe.com

©paseven - stock.adobe.com

Intérieur

Pages 8 et 10 : ©tynza - stock.adobe.com

Page 60 : ©Andy - stock.adobe.com

Page 172 : ©nataliia - stock.adobe.com

Page 218 : ©belinka - stock.adobe.com

À PROPOS DE L'AUTEUR

Storm Faerywolf (région de la Baie de San Francisco) est auteur professionnel, enseignant expérimenté, poète visionnaire et sorcier pratiquant. Il a été formé et initié dans divers courants de sorcellerie, en particulier dans la tradition Faery, où il détient la Baguette Noire de Maître. Il est l'un des co-fondateurs de Black Rose, une école sur internet de sorcellerie folklorique moderne ; c'est aussi un contributeur régulier au magazine *Modern Witch* et le co-animateur de l'*Official Witches' Sabbat*, un événement annuel visant à soutenir et honorer le travail créatif d'autres sorcières et sorciers. Il a écrit plusieurs ouvrages, dont *The Stars Within the Earth*, *Betwixt & Between*, et *Forbidden Mysteries of Faery Witchcraft*.

Vous en saurez davantage à faerywolf.com.

Vous avez aimé *Trouver son nom de sorcière* ?

N'hésitez pas à le faire savoir !

Laissez-nous un avis et/ou une photo
sur votre réseau social favori !

Vos commentaires participent à la visibilité de notre travail
et nous aident à toujours vous proposer des ouvrages
au plus proche de vos attentes.

Merci !

Dépôt légal : septembre 2023 - N° imprimeur : 082375702

Imprimé en France par Présence Graphique - Monts